KB168214

읽을수록 빠져드는
생각 독서

읽을수록 빠져드는

생각
독서

김경진 지음

프레너미
FRENEMY PUBLISHING

책을 통해서 인생을 배운다고 한다. 저자는 인생이 직선이 아니라 곡선으로 살아야 한다는 것을, 책에서도 똑같이 실천하고 있는 것 같다. 저자의 지적 호기심은 우리를 책 내용뿐 아니라 연관된 다양한 세계로 안내한다. 저자의 감성적 감각으로 쓰인 글을 따라가다 보면, 어느새 우리의 내면에는 책보다 훨씬 많은 것을 얻어가는 나를 발견하게 된다.

— SK 와이번스 주식회사 사장 **류준열**

내가 알던 저자는 궁금한 것도 참 많고, 궁금한 것이 있으면 끝까지 파헤쳐봐야 직성이 풀리는 사람이다. 그 성격 그대로 글을 썼으니 쉽게 나온 책은 아닐 것이다.

흔히 취미에 독서라고 적는 사람들이 많다. 과연 그 많은 사람들은 어떻게 책을 읽을까, 이 책을 읽으면서 나도 궁금해졌다.

저자는 본인만의 스타일로 책읽기에 대한 과감한 다른 시각을 보여준다. 책을 단순히 지식의 습득으로 읽는 것이 아니라 통찰의 단계로 끌어올리는 방법을 마치 집에 누워서 휴대폰을 검색하듯 편안하게 알려준다.

책의 한 구절이 저자의 생각을 가장 잘 말해준다. "궁금하다고 그것이 꼭 답이 있어야 하는 것은 아니다. 궁금함은 질문이 아니라 관심이기 때문이다."

같은 책을 읽어도 저마다 느낀 점이 다를 수 있듯이, 이 책은 어떻게 읽느냐도 또 다른 깨달음을 줄 수 있다는 것을 알려준다. 나는 어떻게 책을 읽을까가 궁금하다면 이 책이 그 질문에 답을 찾아가는 여정의 시작이 될 수 있다.

－한국맥도날드 사장 **조주연**

《 contents 》

추천사 • **4**

프롤로그

삶의 위로와 이정표가 되는 통찰을 만나다 • **8**

조선시대의 북경 출장 보고서《북학의》 • **13**

모든 인생의 경유지《저도 중년은 처음입니다》 • **39**

달콤하고 위험한 역사《18세기의 맛》 • **61**

삶에 쉼표가 되는 공간《나는 한옥에서 풍경놀이를 즐긴다》 • **87**

인류의 낯선 고향《처음 읽는 아프리카의 역사》 • **111**

산업자본주의의 거짓말《이카루스 이야기》 • **135**

병 주고 약 주는 돈의 힘 《상처받지 않을 권리》 · **159**

삶의 속도를 늦추는 시간 《그때 장자를 만났다》 · **187**

알고도 선택한 미래 《당신 인생의 이야기》 · **207**

친구네 집에 가는 길은 먼 법이 없다 《FRIENDSHIP》 · **233**

생각의 프레임을 바꾸다 《군자를 버린 논어》 · **255**

나를 만나다 《오두막 편지》 · **287**

에필로그

책 이야기를 듣다가 책 속에 없는 다른 세상을 발견한다 · **308**

삶의 위로와 이정표가 되는
통찰을 만나다

"그게 그 책에 나와요?"

요즘 무슨 책을 읽느냐고 묻는 지인에게《18세기의 맛》이라는 책을 읽고 있다며 책을 읽다가 알게 된 흥미로운 이야기를 나누던 중에 지인의 입에서 튀어나온 말이다. 버터가 금지되었던 시대에 교회가 버터를 먹어도 되는 면죄부를 발행했는데 그 면죄부라는 것이 누가 사느냐에 따라 값이 달랐다는 것과 미래에 지을지도 모르는 간음죄 같은 것에 대하여도 사전 면죄부를 팔기도 했더라는 이야기였다. 꼬집어 말하면 다 책에 나오는 것은 아니다. 책을 읽다가 궁금해서 스마트폰을 들고 인터넷을 검색해보면서 알게 된 이야기들이 더해진 것이다.

책을 읽다가 궁금한 것이 생기면 그것을 참지 못하고 찾아본다. 그러다 보면 지식이 새끼를 친다. 그렇게 한 권을 읽고 나면 책이 말하는 것 위에 내가 찾아본 호기심의 결과물들이 드레싱으로 얹어져 나만의 책이야기를 얻게 된다.

예를 들면 《군자를 버린 논어》를 읽다가 문득 '공자는 직업이 뭐였을까?', '그 시대에 공자가 왜 그렇게 떴을까?', '공자는 좋은 말씀을 많이 남겼는데 가족들에게도 잘 했을까? 가족관계는 좋았을까?', 이런 뜬금없는 질문들이 떠오른다.

논어의 본론과는 거리가 있는 질문들이므로 책에서는 그 답을 해주지 않는다. 스스로 찾아야 한다. 어떤 궁금증은 지식이나 정보를 통해 답을 얻을 수도 있고, 어떤 궁금증은 생각을 통해 스스로 답을 찾아야 하는 것도 있다. 분명한 것은 뜬금없는 질문과 호기심에 대한 답을 찾느라 인터넷에 있는 정보를 찾아보거나 다른 책을 찾아보다 보면 끝내 그 답을 얻든 그러지 못하든 간에 책에 대한 흥미가 배가된다는 것이다.

그리고 그렇게 한참을 딴 길로 새어 놀다놀다 돌아온 책은, 아까 보던 그 책이 아니다. 훨씬 더 나의 마음에 가까워지고 주제 외에도 대화를 나눌 것이 많아진 책이 되어 있다. 같은 책을 읽었는데 그렇게 재미있는 책인지 못 느꼈다며 내가 읽은 책 이야기를 듣는 게 더 재미있다는 말을 종종 듣는 이유다.

책을 읽는다는 것이 책이 말하는 것을 그대로 듣기만 한다는 것은 아니다. 그것은 교과서를 읽을 때 바람직한 자세. 동일한 책에서 모두가 같은 지식을 습득하고 같은 수준으로 이해해야 하는 것은 학습이 목적일 때다. 우리가 책을 읽는 것은 삶의 지혜를 얻는다거나, 인간에 대한 통찰을 얻는다거나, 또는 지금 당면한 어떤 문제를 이해하는 관점을 얻는다거나 하는 저마다 다른 목적이 있다. 그렇기에 같은 책을 읽어도 읽는 사람마다 다른 것을 얻는 것이 자연스러운 일이다.

책을 통해 무엇을 얻을지를 자신이 정하고 만들어갈 수 있어야 좋은 독서다. 자신만의 그 책 읽기를 할 수 있다면 더 없이 좋은 독서라고 할 수 있다. 끝까지 다 읽지 않아도 된다거나, 관심이 있는 부분부터 읽는 것도 좋다거나 하는 것이 아니다. 책을 대할 때 좀 더 적극적인 태도를 가지면 책을 읽는 방식이 달라져 얻는 것도 달라진다. 이를 테면 책이 말해주는 흥미로운 이야기에서 호기심을 발동시켜 보는 것이다. 호기심을 가지면 궁금함이 생긴다. 그럴 때 잠시 책을 내려놓고 옆에 있는 스마트폰이나 노트북으로 인터넷을 검색해서 이것저것 찾아보다 보면 흥미로운 이야기를 더 알게 되고 그 이야기들이 책의 이야기와 만날 때 새로운 발견을 하게 된다. 책의 줄거리를 얻는 것이 아니라 자신만의 통찰을 만나게 되는 것이다. 그 통찰은 때로는 삶의 위로가 되고 때로는 에너지가 필요할 때 충전소가 되고 또 막다른 길에서 삶의 이정표가 되기도 한다. 이런 재미를 눈으로만 읽고 흘려보내지 않고 가급적 책에 메모를 해두기라도 하면 그 책이 온전히 나만의 책으로 재 탄생하는 것을 볼 수 있다.

이 책은 그런 이유로 쓰게 되었다. 책을 재미있게 읽고 싶고 책읽기를 좋아하는 사람들이 좀 더 자신만의 것을 얻을 수 있는 방식으로 책을 읽기 바라는 마음에서 나의 책읽기를 공유하고자 펜을 들었다.

열두 권의 나의 책 이야기를 담았다. 뇌를 흥분시키고 심장을 뛰게 한 더 많은 책들이 있었으나 최종적으로 이 책을 쓰던 무렵의 인생에 적지 않은 도움이 되었던 책을 골랐다.

마지막으로 책을 읽는 동안 끊임없이 새어 나오는 숱한 호기심의 질문에 함께 답을 찾아주고자 '이런 거 아닐까?'라며 토론을 아끼지 않았던 가족에게 감사하며 사랑한다고 말하고 싶다.

조선시대의
북경 출장 보고서

북학의

'아! 이건 고등학교 다닐 때 배운 그 《북학의》?'

책장에 아직 읽지 않은 책이 많은데도 책이 고플 때가 있다. 서점을 어슬렁거리다가 인문 서고에 다소곳이 꽂혀 있는 이 책을 발견했다. 낯선 곳에서 아는 얼굴을 만난 듯 반가웠다. 어렴풋이 생각이 난다. 선생님이 "청나라[北]로부터 배우자[學]고 주장한 사람들이 북학파이며 그중 박제가가 《북학의》라는 책을 썼다"는 설명과 "이런 건 시험에 꼭 나온다"고 추임새를 덧붙이셨던 것 같다.

'시험에 꼭 나온다.' 무서운 말이다. 학창 시절에는 하나 더 배우면 달달 외워야 할 것이 하나 더 늘어나서 아무리 훌륭한 작품이라고 해도 그 내용을 음미하고 생각할 겨를이 없었다. 받아 적고 외우고 지나가기 바쁘다. 《북학의》도 '청나라의 무엇을 배우자고 했을까'라거나 '어떻게 그런 생각을 했을까'보다는 시험 문제에 나오면 틀리지 않아야 하니 북학파 명단만 열심히 외웠던 것 같다.

수업 시간에 들은 작품 중에는 간혹 가슴에 꽂히는 것이 있긴 한데 그건 국어나 고전문학 같은 과목에서나 있을까 말까 한 일이다. 한국사나 세계사 수업에서는 '어떤 이가 어떤 책을 썼다'고 제목만 나오는 정도라 감탄하는 일은 드물다. 시간이 흘러 우연히 만나니 반가운 마음에 무표정하던 얼굴이 밝아졌다.

학창 시절에 통성명 했던 인연으로 책을 꺼내 든다.

《북학의》는 박제가가 청나라에 다녀와서 쓴 책이다. 일종의 출장 보고서다.

'북경에 왜 갔을까? 어떤 사람들이 갔을까? 출장 팀에서 박제가는 어떤 역할이었을까?'

책을 읽는 데 꼭 필요한 것은 아니지만 여러 가지가 궁금하다. 그냥 호기심이다. 그런 질문에 책이 답을 다 해줄 리가 없다. 책은 자기 할 말에 충실하기 때문이다. 문득 떠오른 질문의 답을 어디서 들을 수 있을까 생각하다가, 언제나 내 곁에서 호기심의 지식 친구가 되어주는 인터넷 검색창에 '북학의'를 입력해본다. 검색 결과 중 맨 위에 위키가 나온다.

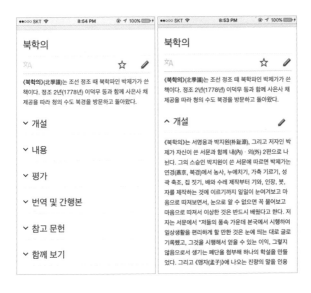

위키백과를 클릭해보니 궁금했던 것이 일부 나온다. "정조 2년(1778년) 사은사 채제공을 따라 청의 수도 북경을 방문하고" 돌아와서 쓴 것이란다. 출장은 수행원으로 따라간 것이고, 여럿이 갔고, 절친 이덕무도 동행했으며, 출장의 목적은 교류에 가까운 것으로 짐작된다. 당시 백성들의 생활이 날이 갈수록 곤궁해지고 국가 재정은 계속 고갈되는데 사대부는 팔짱 낀 채 보기만 하고 구제하지 않는 것을 한탄하며 북경이 어떻게 발달했는지를 벤치마킹하여 백성을 위해 사대부들이 직접 팔을 걷어붙이고 나설 것을 강조하는 내용이란다. 대략 궁금했던 것이 정리된다.

박제가는 북경 출장 팀에서 비중 있는 역할이 아니었던 것으로 보인다. 그렇다면 이렇게 직접 출장 보고서를 써 내지 않아도 되었는데 왜 굳이 이 책을 썼을까? 출장 팀에 박제가를 끼워준 것이 정조라고 하는데, 귀국 후에 '가 보니 어떠하더냐?'라고 묻기는 했겠지만 일개 수행원인 박제가로 하여금 별도로 정리해오게 하지는 않았을 것이다. 그 질문에 '느낀 바를 보고서로 써 오너라' 하는 속뜻이 있었다면 모를까. 별것이 다 궁금하다.

서고 앞에 꼿꼿이 선 채로 책을 넘겨본다. 차례를 보다가 자칫 소리 내어 웃을 뻔했다. 차례가 이렇다. '수레, 배, 주택, 창호, 소, 말, 나귀……' 또 뜬금없이 '중국어, 통역, 종이, 자……' 등이다. 나열된 순서는 좀 엉뚱하지만, 생활 도구들은 친근하다. 이 책은 나도 읽을 수 있겠다는 생각이 들면서 한 계단쯤 더 친해졌다. 뒤쪽으로 가면 좀 다르지만 대략 분위기를 보기에는 앞쪽의 내용으로도 충분하다. 조금만 훑어보자.

대충 읽어 내려가는 동안에도 내용이 꽤 흥미롭다. 중국에서는 멀리 가는 배는 지붕이 있어 비가 와도 빗물이 배에 고이지 않는 반면 조선의 배는 나무를 정밀하게 깎지 못해 틈에서 새어 드는 물이 항상 배에 가득하고 물 퍼내는 일만 하는 아르바이트가 있었다는 것, 조선에서는 사람 타는 수레는 있어도 짐 옮기는 수레는 발달이 덜 되었던지 짐을 옮길 때는 말이 그 짐을 들거나 사람이 들어야 해서 집을 지을 때에도 큰 목재를 많이 옮기기 어려워 크게 짓지 못했다는 것, 전라도 전주의 상인이 생강을 사서 함경도 의주에서 판다고 할 때 걸어서 가면 돈은 벌겠지만 몸이 망가지고 가정 생활의 즐거움을 누릴 기회가 없으니 결국 남는 것이 아니라는 것, 말을 끌고 가는 것도 사흘 내로 다 팔면 남는 장사지만 날짜가 지날수록 데려간 말을 먹이느라 남는 것은 없다는 것, 짐 싣는 수레가 없으니 지방마다 특산품이 있어도 교역이 활발하지 못하다는 것, 사람이 말을 타고 이동하는 것의 장점은 사람보다 빠르다는 것인데 그 말을 사람이 끌고 가도록 할 거면 말은 왜 타냐는 것……

상상했던 조선 후기와는 많이 다르다. 물론 그 상상도 박물관의 유물이나 사극에서 배경으로 본 것이라 백성들의 생활 모습 출처로 탄탄한 것은 아니다. 뇌에 세팅된 조선 후기의 수준

을 낮춘다. 발바닥이 몸의 하중을 못 이기는지 점차 자세가 삐딱해진다. 그래도 책을 손에서 놓기가 어렵다.

군침 돌 듯 호기심 솟는 이야기에, 다른 이야기들은 또 뭐가 있나 하며 페이지를 더 넘겨본다. '과거론'이라는 제목이 눈에 띈다.

그렇다면 오늘날의 과거는 무엇을 목적으로 하고 있는 가? 앞서 치른 과거에서 거두어들인 인재를 미처 기용하지도 않았는데 뒤에 치를 과거를 통해 또다시 급제자가 무더기로 배출되는 형편이다. (중략)

수십 년 동안 크고 작은 과거에서 배출된 인원이 국가에서 정한 관직의 정원 수에 비해 10배는 된다. 정원 수의 10배가 되는 인원을 결코 모두 기용할 수 없는 점을 감안하면 그중의 9할은 쓸데없이 배출한 인원임이 분명하다.

－《북학의》, 152쪽

조선 후기가 아니라 대한민국의 현실을 말하는 줄 착각할 정도로 놀랐다. 합격은 했는데 보직을 못 받은 사람이 많다니, 임용고시 합격 후에도 발령이 바로 나지 않아 대기 상태로 있는 지금의 현실과 흡사하다. 기용 안 된 인재는 어떻게 되는 것일까? 해마다 대학에서는 졸업생이 쏟아져 나오는데 취업의 문이 좁아 준비는 되었으나 기회를 갖지 못하는 인재가 많다.

책은, 시험문제 출제에 대해서도 한 소리 한다. 당시 과거시험에 쓰인 문체와 문장은 합격 후 보직을 받아 일할 때에는 전혀 쓸모가 없었다는 것과, 조금 똑똑한 사람이면 한 달 바짝 기출문제 족보만 달달 외워도 합격할 수 있어서 인재 뽑기에 적합하지 않다는 것이다.

세상에! 조선 후기의 모습이 요즘 세상과도 통하는 것이 많다는 게 흥미로워 주저 없이 책을 사 들고 나온다. 돌아오는 길에도 온통 책 생각뿐이다. 엉겁결에 호기심 상자를 열어버린 것처럼 혼잣말인지 질문인지 모를 말이 쏟아진다.

"북경에 한 번 다녀오고 쓴 것일까? 북경 다녀온 후에 고향인 김포(통진)에 가서 집에 틀어박혀 쓴 것이라는데, 당시에 규장각 검서관이었다면서 출근은 안 한 걸까? 휴가를 낸 것일까? 휴가가 있었나? 혹시 알아? 출산휴가도 있으니 연차휴가도 있었을지."

호기심이 넘치다 못해 책 내용과는 아무 상관도 없는 것들이 궁금해진다. 참고로 출산휴가는 세종 때부터 시행되었다.

궁금하다고 그것이 꼭 답이 있어야 하는 것은 아니다. 궁금함은 질문이 아니라 관심이기 때문이다. 알고 싶은 것이 많아지고 책에서 작은 단서라도 보이면 그것을 가지고 '더 많은 것을 알아낼' 태세를 갖춘다. 그래서 책에 더 쉽게 빠져들게 된다. 간혹 궁금함이 궁금함의 꼬리를 물고 질문하고 답하기를 반복하다가 스스로 답을 찾을 때도 있다. 엄밀히 말하면 그것은 답을 찾은 것이 아니라 '와우!' 포인트를 찾은 것이지만.

책은 독특하게도 서문이 세 개다. 그중 《열하일기》로 알려진 박지원이 쓴 것이 있다. 박지원의 서문은 청나라가 예전의 중국과 달리 오랑캐의 나라일지라도 우리보다 나은 것이 있다면 배워야 한다고 말한다. 이것은 예상했던 내용이다. 눈에 띈 것은 다른 부분이다. 청나라에 지금은 오랑캐가 살지만 중국 왕조들의 문화는 아직 거기 그대로 있으니 오랑캐의 것이라고 하여 다 버릴 것은 아니라고 말하는 부분이다. 거기서 중국의 왕조들을 읊는데 송과 명은 있고 원이 없다. 우리로 치면 신라는 언급하면서 고려는 언급하지 않은 것이다. 왜 일까? 현재 왕조의 명분을 위해 이전 왕조는 입을 다물게 한 것일까? 신라는 백제를 '멸망하는 것이 마땅한 왕조'로 만들 필요가 있었고, 조선은 건국의 명분을 위해 고려 왕조 500년쯤은 조용히 있게 할 필요가 있었을 것이다.

지나가는 말 속에서 그 시대의 금지어나 금지된 표현을 눈치챘다고 생각하니 작은 희열이 느껴진다. 그것이 얼마나 정확한가는 중요하지 않다. '생각해낸' 사실이 중요하다. 단서가 충분하지 않아도 작은 실마리를 붙잡고 이리 해석해보고 저리 해석해보다가 '아하!'가 나오는 순간은 그렇게 즐거울 수가 없다.

책은, 생각보다 과감하게 18세기 조선의 안타까운 현실을 말한다. 노력하여 발전시키려는 의지가 없는 무기력한 조선의 현실을. 마을에 놓인 다리는 너무 엉성하게 만들었는데 나무를 얼기설기 얽고 그 위에 솔잎을 얹은 후에 흙을 덮어 만들면 그게 다리라고 했단다. 그리하여 말발굽이 자주 빠져 다리가 무너질 듯하면 백성들을 동원하여 물속에 들어가 다리 기둥을 잡고서 있게 했단다. 만드는 것도 '일단'이고 해결책도 임시방편이었던 것이다.

가정에서는 그릇이 울퉁불퉁하여 밥 먹다가 그릇을 당기면 밥상을 긁어서 못 쓰게 되고 애초에 대충 만들어서 늘 기우뚱하여 잘 넘어졌다고 한다. 그릇 굽는 기술을 배워 정성으로 만들면 나라에서 그것을 사 주기는커녕 세금을 과하게 매겨 배운 기술도 버린다는 것이다.

담요는 제작법이 따로 없어 제대로 만들지 못해 먼지와 악취의 온상이었다고 한다. 첫날밤 담요 냄새가 신부 냄새인 줄 알고 도망갔다는 이야기에 밥알이 튀어나오게 웃었다는 부분에서는 나도 마치 그 자리에 있었던 사람처럼 덩달아 웃는다.

책은, 또 사대부와 권력이 얼마나 문제였는지도 신랄하게 지적한다. 국가가 의도한 것은 아니지만 고을살이의 수입이 후한가 박한가에 따라 관직에 좋은 직책과 나쁜 직책이 있었다는 것, 현령이라는 직책은 똑같으나 읍마다 특정 당파가 차지할 경우 예산이 좀 더 배정되는 등의 차별이 있었다는 것, 사실 지방 고을의 관리에게는 정해진 봉급이 없다는 것, 그런데 현령이나 현감이 큰 고을 직책자보다도 높은 수입을 거두는 것은 뇌물을 받기 때문이라는 것, 실제로 녹봉만 바라보기에는 처자식을 먹여 살리기에 턱없이 모자랐다는 것, 선비를 시험하여 직책자를 선발하는 '시사(試士)'에도 문제가 많다는 것, 시험의 내용을 보면 도덕이 높은 선비, 문학에 뛰어난 선비, 좋은 기술을 갖춘 선비를 뽑는 것이 아니라는 것, 명예의 획득이 목적인 선비를 뽑으면 앞을 다투어 명예를 얻으려 하고 이익 추구가 목표인 선비는 앞을 다투어 이익을 추구하려 할 것인데 당시의 공령문이나 시험으로는 이런 사람들을 걸러내지 못한다는 것, 같은 땅이라도 곡식을 심을 때 더 많은 수확을 할 수 있도록 하는 가이드라인도 없어서 대충 심고 대충 거두니 나라가 부유해지기가 어렵다는 것……

> 남들은 곡식을 세 줄로 심을 때에 우리는 두 줄로 심는다. 그렇게 하면 1천 리의 지방을 가져다 6백 리의 지방으로 줄여서 사용하는 셈이다. 남들이 하루에 50~60섬을 거둔다면 우리는 20섬을 거두니……. 사정이 이런데다가 또 배나 수레, 목축, 가옥, 기물을 쓸모 있게 사용하는 방법을 폐하고 강구하지 않는다. 이런 측면을 전국적으로 계산하면 백 배의 이익을 잃는 셈이다.
>
> 현재의 토지만 가지고 계산할 때 이런 정도이니 만약 위아래 1백 년 동안을 따진다면 잃는 것이 얼마나 될지 알 수가 없을 정도이다. (중략) 그러니 신라가 우리보다 백 배나 나았다는 사실을 이상하게 생각할 것이 없다.
>
> ─《북학의》, 172쪽

'신라보다 못하다'는 말에 생각을 들킨 듯 놀랐다. 책을 읽으면서 내내 조선이 백제와 신라보다 못한 것은 아닐까 생각했다. 공부깨나 했다는 사대부는 이러한 현실을 타파하기 위해 뭘 했을까? 발전시켜야 한다는 생각을 안 한 것일까 아니면 아이디어가 없었을까? 명목적으로는 양반이 할 일이 아니라고 했을 것이다. 그러면서도 자기 몸 보호를 위해서는 사병을 두지 말라던 법도 비껴 칼 잘 쓰는 검객 풀을 가지고 있었을 것이다. 유독 백성을 위하고 사회를 발전시키는 것에는 관심이 없었다. 더 좋은 사회가 되고 누구나 잘살게 되면 기득권을 가졌던 양반들의 힘이 없어질 수도 있으니까.

책은, 외교에 대한 지적도 거침없다. 당시에는 어쩔 수 없이 청나라에 사신을 보냈어야 했는데 중국에 머무는 동안 말에게 먹이를 주고 쉬어 가느라 거치는 길목마다 통역이 있었단다. 그 지역 관리와는 교류할 생각을 하지 않고 그 통역에게 다 맡기다 청나라 통역이 뇌물을 요구하면 따를 수밖에 없었다는 것이다. 사신을 매년 새로 선발했기 때문에 이들은 아는 것이 별로 없었고 청나라 통역사와 조선의 통역사가 모든 일처리를 한 것과 다름없었는데, 이는 상당히 위험하다는 것이다. 그래서 역관 시험을 누가 주관해서 어떻게 선발해야 할지에 대하여도 제안한다.

'조선의 통역사는 어떻게 뽑았을까? 통역사 공부는 어떻게 했을까?

괜한 것이 또 궁금하다. 다시 스마트폰을 열어 혹시나 하는 마음으로 '조선시대 통역'을 검색해본다. 아, 나온다! 사역원이라는 곳이 있어 통역을 가르쳤단다. 거기서 4대 외국어를 가르쳤는데 한학, 몽학, 청학, 왜학이란다. 외국어 학습 교재로는 《노걸대》라는 것이 있었고, 우어청이라는 곳에서는 하루 종일 외국어로만 대화하도록 했단다. 흥미롭다.

《북학의》는 박제가가 북경에 가서 보고 듣고 느낀 것은 '내편'과 '외편'으로, 그 뒤에 앞의 내용을 축약하여 임금께 올리는 '진소본 북학의'로 정리되어 있다. 이것은 두려울 것이 없는 젊은 혈기로 부패한 현실에 일침을 놓으며 나라라면 이래야 한다고 말하는 일종의 제언으로 보인다. 이 뒷부분이 박제가가 가장 힘주어 말하고자 했다는 것이 느껴진다. 마침 정조가 농업을 장려할 방법을 알아보라고 하니 이것에 대하여 '제 생각은요' 하고 답하는 듯 정리하고 있다. 그런데 고민해보라고 준 숙제가 농업 권장 방법이 아닌 부국강병책이었더라도 같은 답을 했을 것 같다. 무엇보다도 뭐든 만들 때 잘 만들고 할 때 똑바로 하자고, 수레를 들여와 상업과 무역을 증진하자고, 그리고 유생을 없애자고.

　박제가는, '가서 보니 배울 점이 많아서' 정리한 것이 아니라 '청나라의 강점을 배우자고 말하고 싶었는데 북경에 다녀오니 지금이 좋은 기회다 싶어서' 쓴 것이다. 보는 사람에 따라, '어라! 이런 발칙한 것 봐라!' 했을 수도 있고 '하나를 시키면 열을 하는구나!' 했을 수도 있다. 기득권 사대부는 박제가의 한 마디 한 마디에 혈압이 올랐을 것이고, 조선의 개혁을 꿈꾼 정조에게는 열일 하는 신하였을 것이다.

생각해보면 무척 획기적인 주장이다. 시기적으로는 인조가 남한산성에서 내려와 홍타이지에게 항복한 지 불과 150년도 안 되었다. 조공을 받던 오랑캐에게 조공을 하게 되었다. 그 오랑캐가 청나라다. 오랑캐는 그들의 주특기인 말을 타고 매서운 겨울바람을 가르며 거침없이 남하했고 사람이 아닌 모습으로 살육하며 그것을 전하는 사람이나 듣는 사람이나 다 공포에 떨게 했다. 광해군을 몰아내고 왕이 되었던 슈퍼맨처럼 강한 군주는 한 달여 만에 속수무책으로 포위되었고, 슈퍼맨은 왕의 옷을 벗고 이마를 땅에 대고 굴욕적인 항복을 했다. 그 전쟁을 살았던 사람들은 오랑캐라고 하면 몸서리를 쳤을 것이고 전쟁을 치른 사람이 죽고 세대가 바뀌어도 사람들은 오랑캐를 온몸으로 거부하도록 몸에 기억된 채 태어났을 것이다. 그러니 할아버지의 할아버지가 겪었던 병자호란이 한 세기 반이나 지난 정조 때라 해도 오랑캐가 세운 청나라를 본받자고 하면 '미친놈이 따로 없다'고 했을 것이다.

박제가는 어쩌다 청나라에 꽂혔을까? 북경과 한성을 비교하며 설명하는 많은 부분에서 중국에 대한 감탄은 찬양 수준이다. 수레를 농업과 상업의 핵심 인프라가 될 수 있을 것으로 생각했던 그는 북경의 사람 타는 수레를 보고도 감탄한다. 사람

타는 수레는 '태평차'라고 하는데 그 안에서 책도 읽고 손님과 담소도 나눌 수 있어서 '움직이는 집'이나 마찬가지라고 한다. 자동차의 꿈을 수레가 이룬 것이다.

문득, 사람 박제가가 궁금하다. 스마트폰을 꺼내어 인터넷 검색창에 '박제가'를 입력해보니 위키백과 내용 중에 서얼 출신이라는 것이 눈에 띈다. 서얼 출신인 그는 관직에 오르는 것이 한계가 있고, 좋은 아이디어가 떠올라도 정책 관련 상소를 하는 것에 제약이 있었을 것이다. 무엇보다 다른 유생들이 '여보게, 우리 집안 누구누구는 정1품까지 하셨다네' 하면 종1품부터는 깨갱하지만 정작 큰소리를 내는 그들은 백성과 나라의 무기력에는 관심이 없는 사회의 부조리 속에서 박제가는 자신이 할 수 있는 방식으로 게임의 룰을 바꾸고자 한 것이 아닐까 싶다. 뇌 활동에는 서얼이 없다고 생각했을 박제가는 기죽지 않고 이렇게 말하고 싶었을 것이다.

'왜란과 호란 후 백 년이 지났으나 나라가 아직 회복을 못 하고 있다네. 백성들이 농사 잘 짓고 각 지방에서 나는 것을 사고팔면서 이문이 남게 해주기라도 하면 사는 게 좀 낫지 않겠는가?'

하지만 주장할 방법이 없거나 주장을 해도 말에 힘이 부족했을 것이다. 그래서 눈앞에 있는 본보기를 가리키며 '저렇게 해보자'고 말한 것이다. 중국은 직업에 전문성이 있고 기술을 전수받는 프로세스가 있어서 누구든 견고하게 만드는 것을, 하나같이 쉽게 부서지고 금방 망가져 수리하느라 바쁜 우리가 배워야 한다고! 백성들이 사는 것이 이렇게도 어려운데 언제까지 유생놀이만 하고 있을 거냐고!

당시 사대부들은 박제가를 '중원(청나라)에 미친' 사람이라고 했단다. 하지만 그가 하고 싶었던 말은 '청나라 짱'이 아니다. '우리 왜 이러고 사니!'다.

열정을 가진 사람을 보면 시선이 가고 빠져든다. 그야말로 박제가 홀릭이 되었다. 하는 말마다 고개가 끄덕여지고 멋지다. 인터넷에서 '북학의'를 더 찾아보니 위키 등 웹페이지 외에 영상 강의들도 보인다. 책을 보다가 너무 옆으로 새는 듯하지만 참을 수 없는 호기심에 북학파에 대한 강의 영상을 클릭한다. 이런! 강의 영상은 또 새로운 지식보따리를 푼다.

북학파는 사실 이름이 하나 더 있단다. '백탑파'란다. 서문을 써준 박지원, 책에 종종 등장하는 이덕무와 홍대용, 유득공 등이 그 백탑파다. 박지원과 이덕무가 종로의 백탑 주변에 살았고, 지금의 충무로 근처에 살았던 박제가는 매일같이 이들을 만나러 백탑으로 출근을 했다고 한다. 매일같이 백탑 주변에서 모여 백탑파란다.

백탑은 현재 종로 탑골공원 안에 있는 원각사지십층석탑을 말한다. 백탑은 세조 때 대리석으로 쌓아올린 탑이며 그 당시에는 하얀색이었고 멀리 동대문에서도 훤히 보였다고 한다. 탑이 있는 마을이라 하여 '탑골'이라 부르게 되었다고 한다.

서얼 출신들이 이 근처에 많이 살았다는 것은 그럼직하다. 궁에서 가장 가까운 곳에는 직급이 높은 양반들이 살았고 이곳 백탑 근처에는 상대적으로 덜 높은 양반들이 살았다. 박제가와 친구들은 이곳에서 모여, 가장 높은 곳에 앉아 있으면서도 더 좋은 세상을 만들려 하지 않는 조선의 양반들을 향해 탄식을 날렸던 것이다. 혹시나 하는 마음으로 검색창에 '백탑파'를 입력하니, 북학파로 검색했을 때보다 훨씬 더 많은 내용이 나온다.

이미지 검색 결과에 백탑이 충무로 필동에서도 보이는 그림과 북경 출장 이동 경로가 나온다. 추사 김정희가 사사 받았다는 박제가의 글씨와 그림도 여럿 보인다. '북학의'를 찾아보다가 백탑파를 알게 되고 백탑파를 찾아보다가 한성 지도와 탑골의 유래를 듣게 된다.

책이 말해주는 것은 조선의 현실과 북학의지만 호기심을 따라가다가 더 많은 것을 알게 되었다. 백탑파였다는 것, '높으신 분들'이 궁궐에서 가깝게 살고 서얼 출신들이 그 다음 영역에 살았다는 것, 그래서 서얼 출신이 많은 북학파 사람들이 백탑 주변에 많이 살았다는 것, 백탑 주변에서 모임을 했다는 것까지.

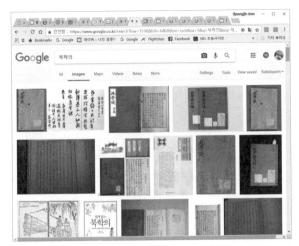

《북학의》를 검색했을 때 나오는 이미지 검색 결과

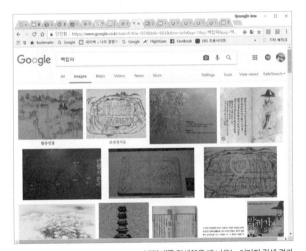

'백탑파'를 검색했을 때 나오는 이미지 검색 결과

책을 보면서 감탄과 웃음과 가끔 놀라움에 튀어나오는 탄식이 비빔밥의 속 재료만큼 다양하다. 아침저녁으로 《북학의》에 푹 빠져 지내다 보니 며칠 동안 맛있는 요리를 먹은 듯이 행복하다.

최근에 〈훈민정음과 난중일기〉 전시를 봤다. 〈훈민정음〉도 〈난중일기〉도 실물을 꼭 보고 싶었던 터라 전시품을 뇌에 스캔할 것처럼 집중하면서 전시품 옆에 설명도 한 자 한 자 돌 속에서 금을 추려내듯 신중했다.

이순신 장군이 일기를 쓸 때는 임진일기, 갑오일기, 병신일기 등의 제목을 붙였다고 설명한다. 후에 정조가 '난중일기'라는 이름을 붙였다고 한다. 그러니까 이순신은 자신이 쓴 일기의 이름이 '난중일기'가 된 것은 모른다. 물론 자신이 '충무공'이라는 것도 모를 것이다. 모두 사후에 붙여진 것이므로.

전시품 중에는 그 일기들에 앞서 이순신 장군이 무과 병과에 합격하고 받은 교지가 함께 전시되어 있는데 거기에 '보인 이순신(保人李舜臣)'이라고 적혀 있었다. 여기서 '보인'은 합격은 했는데 아직 보직을 받지 못했다는 의미라고 설명되어 있었다. '무과 병과에 4등으로 합격했는데 보직은 못 받았다! 《북학의》에 나온 그건가?' 발견은 유쾌하고 통찰은 흥미롭다.

이 유쾌한 흥분을 가라앉힐 생각은 전혀 없다.

조선시대의 북경 출장 보고서

몇 자 안 되는 교지를 보고 또 본다.

합격통지서에 보직까지 적혀 있으면 받을 때 날아갈 듯했을 텐데, 발령문이 아니라 합격통지서니 아쉽기만 하다. 내 것도 아닌데. 조선시대의 과거 급제자들이 이런 기분이었겠구나.

모든 인생의
경유지

저도 중년은
처음입니다

"언니, 폰이 자꾸 멀어지고 있어요. 하하하!"

스마트폰에 온 문자를 확인하는데 언제부턴가 폰을 멀리 떨어뜨려서 본다. 그런 내 모습에 깔깔 웃음이 나오나 보다.

"텍스트를 크게 바꿔요."

보는 사람이 답답한지 폰을 쓰는 사람은 나인데 옆에서 자꾸 훈수를 둔다.

집에 돌아와 텍스트 크기 설정 화면에 들어가니 크기 변경 방법이 기억하던 것과 다르다. '작게', '크게', '보통' 중에 선택하는 것이 아니다. 스마트폰을 바꾸고 이 화면을 본 지는 오래되었다. 직선이 있고 그 위에 동그란 점이 있어서 그 점을 왼쪽, 오른쪽으로 드래그하면서 직선 위에 보이는 글자 크기 변화를 보고 적당하다 싶으면 점을 거기에 두면 된다. 왼쪽으로 갈수록 글자는 작아지고 오른쪽으로 갈수록 커진다. '작게', '크게', '보통' 중 선택하는 것에 비하면 선택지가 많다는 것 외에도, 이 정도가 좋은지 저 정도가 좋은지로 이야기하는 것이 좀 더 자연스럽다.

오른쪽으로 한두 칸만 옮겨도 눈이 시원하고 볼 만한데, 그렇게 '큰' 글씨가 화면에 떠 있을 것을 생각하니 별로다. 결국 바꾸지 않는다. 옹졸한 자존심이다.

몸의 노화는 물리적인 것이라 나도 남도 알게 오지만, 마음의 노화는 '나이 먹어서인가 싶은' 일이 잦아지면서 온다. 아무것도 아닌 일에도 마음이 쉬이 약해진다. 남이 뭐라고 해도 마음 한 번 돌리면 금세 나아지던 것도 혈기가 잘 돌던 때 얘기다. 내 마음인데 내 맘대로 못한다. 아침에 파이팅하며 과하게 자신감을 보이다가도 저녁이 되면 후회하는 일이 잦아진다.

'오늘 내가 말을 너무 많이 한 것 같아', '웃는 소리가 너무 커서 쳐다봤던 걸까?'…….

《저도 중년은 처음입니다》는 서점에서 많은 책들을 제치고 덥석 손이 갔다. 나도 중년이 처음이라……. 마음이 헛헛할 때나 외부의 소리보다 내 안의 소리가 더 크게 들려올 때에는 이런 제목들이 자동으로 튀어나온다. '너도 이렇지 않아?'라며.

책의 앞날개를 보지 않고 '들어가며'로 넘어간다. 누가 썼고 어떤 약력을 가진 작가인지보다 어서 남의 입으로 내 이야기를 들어보고 싶다.

일본은 평균수명이 90세에 가까워지면서 길어진 노년을 맞고 있다고 한다. 자칫 인생의 반을 노년으로 살 수도 있다는 말이다. 하지만 지금 중년은 노년을 길게 살고 싶은 마음은 없고 오히려 더 오래 화려한 중년을 누리고 싶단다. 평균수명이 70세일 때는 결혼도 빠르고 아이도 빨리 나아 기르고 50세부터 노년을 준비했다면, 90세 인생에서 50세는 '한창' 나이라는 것이다. 이 '한창'인 중년은 몸에 물리적인 변화조차 허락하지 않으며 몸도 마음도 전혀 나이 먹을 생각이 없다고 한다. 영원히 늙지 않는 중년을 꿈꾸며.

이들은 일본의 버블경제 시기에 청년 시절을 보낸 '풍요롭고 아쉬움이 없는' 세대라고 한다. 취업은 회사에서 모셔갔고 신입사원 교육은 호텔에서 받고 '연수'라는 말은 당연히 해외에 가는 것을 의미하던 시절을 살았던 버블 중년들. 소비로는 둘째 가라면 서러울 정도인 그들은 인생에서도 사회에서도 여전히 '한창'이고 '영원히 늙지 않고 아름답고 싶은 욕망'으로 미마녀가 되었다고 한다. 늙지 않는 중년이라…….

미마녀는 어디서 나온 말일까? 스마트폰에서 '미마녀'를 검색하니 각종 기사와 웹문서가 검색된다. 그중 '미마녀(美魔女)'의 한자를 복사해 검색창에 붙여넣고 다시 검색하니 이번에는 일본 웹문서들도 함께 뜬다. 검색 결과를 클릭하니 자동 번역된 문서인지 우리말이 어색하지만 대략 무슨 의미인지는 알 수 있다. '미마녀'는 마법을 건 것처럼 깜짝 놀랄 아름다움과 젊음을 간직한 여성'이라는 뜻이란다. 그리고 이 사람들은 특정 직업군이 있는 것은 아니고 스스로 아름다워지는 방법, 아름다움을 유지하는 습관, 내면이 아름다워지는 식사 등의 노하우를 가지고 있는 사람들이란다.

모든 인생의 경유지

'미마녀가 그렇게 아름다워?'

'미마녀' 이미지 검색 결과로 탭을 옮긴다.

'헉! 이 사람들이 40대라고?'

평균 나이 41세라는 일본의 미마녀 그룹 'Forever Girl'부터 미마녀 콘테스트의 45세 우승자까지 믿기지가 않는다. 너무 젊고 예쁘다! 이런 외모를 아직 유지하고 있는 것이 부럽다. 중년이라면 누구나 있을 법한 눈가 주름이나 처짐은 찾아볼 수 없고, 흰머리 유전자는 애초에 없이 태어났는지 아침마다 흰머리 가리기 바쁜 내 머리와는 격차가 크다.

그냥 예쁘다고 하면 되는데 40대가 너무 20대같이 보여도 좋지 않다며, 40대는 그 나이만의 아름다움이 있는 거라며 괜히 트집을 잡고 억지를 부린다.

'저 하이힐이면 몇 분만 걸어도 무릎이 나갈 거야. 살이 저렇게 없으면 혈액순환에는 안 좋을 거야.'

이 책에서는 '영원히 늙지 않고 아름답고 싶은 욕망'이 아름답게만 보이는 것은 아니라고 말한다. 몇 살이 되어도 스스로를 아줌마라고 인정할 수 없는 중년 여성들은 추함이라는 분비물을 뚝뚝 떨어뜨리고 있다고 묘사한다.

분비물……, 그런 반응을 느껴본 적이 있다.

외모를 가꾸고자 하는 노력을 체력 단련으로 할 생각은 안 하고 속눈썹이 길어 보이도록 하는 속눈썹 연장 시술을 받았을 때였다. 아이가 시술을 마치고 나온 내 눈을 보더니 자기 눈을 가린다.

"이상해 보여요. 엄마 같지 않아요." 그러고는 예전 엄마로 돌아오라고 했다.

'이게 얼마짜리인데!' 무엇보다 나는 예전 그 눈으로 돌아가고 싶은 마음이 전혀 없었다. 예뻐 보여서 심지어 자존감이 소폭 상승하는 기운을 느꼈다. 아이는 한동안 나에게 '예전 엄마로 돌아왔으면 좋겠다'는 말을 반복하며 이 효자 같은 인조 눈썹을 싫어했다.

"왜 싫어?" 하고 물으니 이유는 명료했다.

"어색해요. 자연스럽지 않아요."

"……."

아이의 눈에는 속눈썹 연장 시술을 받고 좋아하는 엄마의 모습에서 그 분비물이 보였던 것이다. 한 살이라도 더 어려 보이고 싶은 욕망이 흘린 분비물.

인생의 계절에 발맞추어 자연스럽게 맞이하며 사는 법을 아이에게 배웠다. 그렇더라도 '더 낫다', '눈이 커 보인다', '예쁘다'라는 반응은 한동안 속눈썹을 더 붙이고 다니게 했다.

책은, 중년에게는 느닷없이 '나 이대로 괜찮은 걸까'라는 생각이 들면서 불안해지기도 하고 방향을 헤매기도 하는데 이러한 위기의식이 드는 것은 중년이란 나이가 '어중간'하기 때문이라고 말한다. 뭔가 시작하기엔 이미 늦은 것 같고, 몸도 예전만 못한 것 같고, 옷을 살 때도 애매하고, 불안한 것이 중년이라는 것이다. 그 애매하고 불안한 것이 어중간한 나이라서 그렇다는 통찰에 '아~ 아~' 하는 리액션이 절로 나온다. 이런 생각은 못해봤다.

원래 '중간'은 애매하단다. 여행지에 가면 젊어서 아름답지도 않고 흰머리가 수북하여 멋진 것도 아니어서 잘 어울리지 않고, 사회에서는 '다 끝난' 사람처럼 대하면서도 경제력이나 노동력을 기대하며 역할을 해야 할 것처럼 요구하여, 이리 치이고 저리 치여 수고가 많은 세대란다.

'맞아요. 정말 그래요.' 소리 없이 답하며, 수고를 알아주는 말에 위로를 받는다.

중년 여성 대부분이 자신이 중년이기는 해도 아줌마는 아니라고 생각한단다. 이 말은 확실히 맞다. 스스로를 아줌마라고 인정하지 않는 이유는 '중년'은 나이를 나타내는 말이고 '아줌마'란 마음가짐을 나타내는 말이라고 여기기 때문이라고 한다.

'와! 정말 그러네!'

나도 몰랐던 내 속마음이다. 사람도 아닌데 책을 향해 박수를 쳐주고 싶다. 당장 이 부분을 사진으로 찍어서 친구들에게 보낸다. 격한 공감과 까르르 이모티콘이 오가며 반응이 뜨겁다.

책은, 중년이 느끼는 것, 중년에게 닥치는 것, 고도성장 시대를 살았던 사람들의 중년을 이야기한다. 이미 알고 있던 것도 있고 생각하지 못한 것도 있는데, 책의 어디를 보아도 설명이 맛깔나서 웃음이 난다.

중년에는 동창회가 빈번해지는데 여고 동창회에 나가기 전 다이어트를 하고 피부 관리를 받았다는 것, 부모님과 여행하면 "나는 다 좋으니 네가 정해라"라고 해놓고 막상 정하면 "나는 이런 건 싫다"라고 해 정신수양에 가깝다는 것, 중년 여성이 예쁜 척하고 어리광 떨고 교태 부리는 것은 크나큰 민폐라는 것, 아들이 '엄마 아닌 여자에게 관심을 가졌다'는 것에 화를 낸 것이 실은 질투라는 걸 중년의 엄마는 잘 인정하지 않는다는 것, 젊

'나? 그냥 아줌마지 뭐.'

말은 이렇게 하지만 이 말언은 '이렇게 말하면 주변 사람들이
나를 상식 있는 사람이라 생각하겠지' 하는 의도를 바탕으로 한
걸지레다.

나 또한 마찬가지다. 스스로를 중년이지만 아줌마는 아니라고
말하는 사람은 중년은 나이를 나타내는 말이고, 아줌마란 마음가
짐을 나타내는 말이라고 여긴다.

'그래, 나는 분명 20대도 30대도 아닌 어엿한 중년이야. 하지만
패션이나 몸무게도 신경 쓰고 있고 다른 사람을 밀치면서까지 지
하철 빈자리로 돌진하진 않아. 그러니까 나는 중년이기는 해도 아
줌마는 아니야.'

자신을 중년이지만 아줌마가 아니라고 믿는 이러한 여성들은
신종 생물로서 주위 사람들로부터 희귀하게 여겨진다. 이런 부류
의 여성은 우선 경제력이 있다. 아니, 다시 말하자면 소비 욕구가
높은 편이다. 우리는 버블 경제 시기*에 청년 시절을 보낸, 이른바

은 여성의 눈물은 아름답고 가여워 보이고 동정을 일으키지만 중년 여성이 울면서 말하면 피부가 팽팽하지 않아 눈물이 주르륵 흐르지 않고 지그재그로 흐르며 콧물까지 나와 귀엽지도 가엽지도 않다는 것, 지금의 중년은 버블경제 때 쉽게 취업했던 버블세대라 자꾸 "옛날에는 회사에서 이런 것도 해줬다"라는 말을 하는데 이것이 꼰대 같아 보인다는 것 등이다.

> 동창회에 참석한 친구들을 가장 기쁘게 만드는 경우는 바로 예전에 미인이었던 친구가 늙은 것이다. (중략) 우리는 예전에 예뻤던 아이가 늙어버린 것을 보고 마음속으로 덩실거리게 된다.
>
> ―《저도 중년은 처음입니다》, 22쪽

"하하하!"

배꼽 잡고 웃는다. 이 작가 글이 재미있어서 웃음이 멈추지 않는다. 스트레스가 믹서에 들어가 다 분쇄된 것 같다. 사실 아이 친구의 엄마들을 만나면 내 배만 타이어를 두른 것 같아 자꾸 배에 힘이 들어가고, 동창을 만날 때는 나만 늙었을까 내심 걱정한다. 그 '내심'이 진짜 마음이다.

'그 아이'도 나이를 비껴가지 못한 것을 보면 왜 덩실거릴까?

나만 나이 먹은 것이 아니라는 안도감일까?

중년은 부모에 대한 생각도 많아진다. 얼마 전까지 시어머니님이 보내주시는 김장 김치를 당연하게 생각했는데, 요즘 들어부쩍 '김장 하시느라 바닥에 오래 앉아 계시면 무릎에 안 좋을텐데……' 하는 생각이 먼저 든다.

"우리 며느리가 유럽에 데리고 갔잖아."
"어머 부럽다!"
"그렇게 착한 며느리가 있네!"
그녀의 시어머니는 친구들에게 시샘과 부러움을 샀다.
친구들의 시샘으로 기분 좋아진 시어머니의 세포는 분명몇 년은 젊어졌을 것이다.
―《저도 중년은 처음입니다》, 51쪽

이 '착한 며느리'의 시어머니와 여행 잘 하는 팁은 '여행이라고 생각하지 말기'와 '가본 적이 있는 곳에 가기'다. 여행이라고생각하면 '뭔가 하고 싶은 욕구'가 생겨서 부모님 때문에 그것을못하게 된다고 생각하면 짜증이 나게 되므로 출장이나 업무라고 생각하라는 것이다. 가본 적이 없는 곳에 가는 것도 마찬가지라고 한다. 처음 가는 곳이면 해보고 싶은 것, 먹어 보고 싶은 것이 생겨서 오히려 여행 만족감이 떨어진다는 것이다. '며느리 짱!'을 외친다.

'친구들의 시샘으로 기분 좋아진' 부모님은 반대로 친구가 부러울 때는 노화 속도가 더 빨라질 수도 있겠다는 생각이 든다. '친구'라면 좋은 관계인데, 왜 서로 시샘할까? 시샘의 감정에는 '싫어하고 미워함'이 있다. 좋은 친구지만 잘되면 싫다? 미스터리다.

어느 해인가 어버이날 아침이었다. 시아버지로부터 문자가 왔다.

'엄마한테 빨리 전화해라.'

문자의 힘은 대단하다. 분위기가 파악된다.

전화를 안 받으신다. 오후 늦게 통화가 되었다. 시어머니의 목소리는 많이 안정된 듯 보였으나 전화기 너머로도 어머님이 새벽에 눈 뜬 후 울화가 초고속으로 만렙을 찍었으며 하루 종일 그 화를 다스리느라 힘들었을 것이 고스란히 느껴졌다. 어머님이 고백하셨다. 친구들은 어버이날을 앞둔 주말에 자식들이 다녀갔고 용돈과 선물을 가득 주고 가서 주말 지난 월요일 내내 친구들의 자랑을 들었는데 어머니는 아들 며느리가 감감 무소식이었다는 것이다. 그 해 어버이날이 수요일이었으니, 월, 화 내내 속을 끓였고 수요일 새벽 이른 눈이 떠진 후로 가마솥 같은 열통에 계셨던 것이다.

문득 '중년'이 뭘까 궁금하다. 혹시나 하고 검색해보니 위키백과는 그 애매한 질문도 답을 해준다. "중년(中年) 또는 중장년이라고도 하며 대략 40~60세 사이 나이의 사람으로 간주한다"라고 나온다. 사전마다, 나라마다, 조금씩 차이를 보인다며 "저명한 심리학자 에릭 에릭슨은 40~65세를 중년으로 정의했다"라고 한다.

심리학자는 중년의 심리를 뭐라고 말했을까? '에릭 에릭슨'을 클릭하니 에릭 에릭슨의 위키 페이지가 열린다. 인물이라 생애가 먼저 나오고 뒤에 이론이 나온다. 이 시기에는 개인임에도 불구하고 다음 세대가 살아갈 사회에 대하여 관심이 많다고 한다.

'그렇구나!'

최근 몇 년 사이에 주변 사람들과 나눈 대화에서 그러한 소재가 자주 등장했던 것이 떠오른다.

'수명 다한 인공위성으로 우주에 쓰레기가 많은데 어떻게 처리할 건지 모르겠다', '화석에너지가 고갈되어 가는데 아이들이 사는 시대에는 에너지 고갈이 더 가까워지니 걱정이다', '앞으로 생산은 로봇이 다 할 텐데 사람이 노동으로 벌던 돈을 못 벌면 소비는 누가 무슨 돈으로 할까'.

평범한 중년 서너 명의 둘러앉아 나누는 대화다. 고민이 문샷(moonshot)이다. 마치 올림포스산에서 이 세상을 내려다보면서 대화를 나누는 신들의 모습이 연상된다.

중년은 타인에 대한 관심보다는 자신의 욕구에 더 치중하는 경향을 보이고 남에 대한 관대함이 결여되는 시기라고 한다.

"저분은 자기 생각만 해요."

직장 동료가 다른 부서 직원을 보고 한 말이 떠오른다. 심리사회적 발달을 기준으로 보면 그것은 당연한 현상이다. 중년이 자기 생각만 하는 것은 발달이 정상적으로 진행되고 있다는 것을 의미한다. 보기에는 좋지 않겠지만.

에릭 에릭슨은 이러한 중년에 스스로 갖추어야 할 덕목이 있다고 말한다. 바로 돌봄(care)이다. 남에게 베풀고 전수하고 자기 것을 넘겨주는 것을 감수할 수 있는 능력이 필요하다고 덧붙였다.

예리함은 모두 내려놓은 듯이 깔깔거리면서 책을 보다가 이 부분에서 잠시 조용해졌다. 여러 생각이 든다. '중년은 그런 거야'가 아니라 '중년에는 이렇게 스스로 보완하는 거야'가 들린다.

나이가 들면 '저절로 자기 생각만' 하게 되니 남을 생각하도록 '스스로 잔소리를' 하라는 것이다.

중년이 되면 저절로 오지랖이 넓어져 눈에 거슬리는 행동을 보면 '특별히 생각해서' 말해주는 거지만, 그 참견이 반갑지 않을 수도 있으니 자제하도록 스스로에게 잔소리를 하라는 것이다.

《저도 중년은 처음입니다》

중년이 처음인 여성의 이야기를 듣다가 에릭 에릭슨의 중년을 들으니 퍼즐이 맞춰진다.

아래에 노년의 특징이 나온다. 눈이 간다.

자아통합이라는 것이 발달한다는데 '나는 만족스럽다고 확신하는 능력'이라고 한다. 그래서 고집스러워지는 면이 있는가 보다.

'자신의 삶이 무의미한 것이었다고 느끼게 되면 절망에 빠지게 된다.'

오히려 자아통합이 되어 '지금까지 살아온 것이 답'이라고 생각하는 것이 나을 것도 같다. 발달의 특징들이 좋기만 한 것이 없고 나쁘기만 한 것이 없다. 발달도 음양이 있나 보다.

맛깔나게 이야기하던 책은 지식 풍부한 다큐멘터리가 되고, 나의 중년을 위로받다가 문득 주변을 돌아보게 된다. 엄마의 중년을. 어렸을 적에 늘 바쁘고 지쳤던 엄마도 중년이 처음이었다.

"어느 세대나 자기 세대만의 십자가가 있죠."

TV 프로그램을 보다가 귀에 꽂힌 말이다.

가정도 그렇다. 어느 집이나 그 가정만의 십자가가 있다.

'우리 집은 왜 이래' 하는. 우리집 십자가도 엄마와 아빠를 자주 부딪치게 했다. 힘들어도 둘이 맞짱 뜰 때가 낫다. 불의의 사고로 아빠를 잃은 후 엄마는 홀로 중년을 버텼다. 둘일 때는 비록 포맷은 말다툼이라도 의견을 주고받을 수가 있다. 전투 중에는 들리지 않더라도 호흡 조절을 한 후에는 서로 달랐던 의견이 자신의 생각을 돌아보게 한다. 그것이 동행이 감사한 이유다.

마음에 불이 난다는 엄마에게 전화로 한 시간 넘게 '화'에 대하여 이야기한 적이 있다. 나의 소스는 틱낫한의 《화》였다.

"엄마, 화는 그 사람이 준 것이 아니고 엄마가 만든 허상이래요. 누가 준 것도 아닌데 받지 마세요."

고맙다고 하셨지만 도움은 안 되는 것 같았다.

엄마는 그렇게 다시 홀로 노년을 맞았다. 처음인 노년을.

일찍 결혼하고 일찍 자식을 낳아 기른 우리 부모 세대는 모든 것이 빨랐다. 중년도. 노년도. 철이 빨리 들고 마음이 빨리 늙었다. 결혼도 늦고, 출산도 늦은 지금 세대의 중년은 흰머리는 뿌리 채 뽑지 않고 잘라내고 세수할 때는 손바닥의 물을 얼굴에 던지기만 하고 문지르지는 않는 노하우로 노화를 막아내고 있다. 시술이라도 받으면 낯빛은 더 환해져 해가 지나면서 더 젊어 보이기까지 한다.

이른 노년을 맞은 부모는 늙지 않는 중년의 자식과 더 멀어져 있다. 세대의 십자가다.

어릴 적에는, 뭘 해도 거침없는 부모님을 보고, 중년이 되면 세상 답 다 아는 줄 알았다. 그 나이가 되어 보니 전혀 아니다. 모르겠는 것투성이고 무게에 짓눌려 내려놓고 싶을 때도 있다.

'나 왜 이러지? 이래도 되는 걸까?' 하는 중년에게 이 책이 말한다. '그건 고장이 아니야. 중년으로 사는 것도 재미있어.'

이런 책의 맛은 친구와 수다 떨 때 스트레스가 확 풀리는 맛이다. 마음이 가라앉을 때는 동창회 이야기가 나오는 〈꽃의 색〉, 만혼화와 저출산화가 심해지는 원인이 참견하는 아줌마가 사라졌기 때문이라고 이야기하는 〈오지랖〉이 좋다.

앞으로 어떤 변화가 올까 궁금하고 불안할 때에는 엄마 같은 책임감은 치우고 이모 같은 감각으로 조직을 아우르라는 〈직장〉, 장기를 가지고도 활용을 못한다는 기분이 들 수도 있다고 알려주는 〈갱년기〉가 읽기 좋다.

조심할 것을 알고 싶을 때는 가슴골이 보이게 옷을 입으면 추해 보일지도 모른다는 〈에로〉, 위로받고 싶다보다는 속마음을 털어놓겠다고 생각하고 말하라는 〈질병〉이 조언을 제법 잘 한다.

  이런 책은 한 번에 쑥 읽힌다. 그러고는 '읽은 책'이라고 눈 도장 찍혀 다시 꺼내 보지 않는 경우가 많다. 하지만 한 번 봤던 책도 가끔 친구에게 전화 걸 듯 펴보면 좋다. 책은 언제든 함께 수다 떨어줄 준비가 되어 있는 친구다.

달콤하고
위험한 역사

18세기의 맛

가끔 점심시간에 회사 도서실을 찾을 때가 있다. 칼로리를 과다 섭취하여 한 끼쯤 건너뛰는 것이 좋겠다는 생각이 드는 날에 그렇다.

아침 식사한 것이 채 소화되기 전에, 일을 시작하려면 커피를 마셔야 한다며 카페라테를 한 잔 마신다. 열량이 충분히 연소될 만큼 움직이지 않았지만 시간은 약속처럼 정오를 알리고, 배가 고프지 않아도 습관처럼 점심 메뉴를 고르고 있다. 몸이 원치 않아도 밀어 넣는다.

오후에도 멈추지 않는다. 입이 심심하다고 뇌가 귀띔을 해주면 아차, 하며 절대 빠뜨리면 안 되는 일과를 잊고 있었다는 듯 주전부리를 찾는다. 저녁이 되면 만남이 즐거워 1만 칼로리의 식사도 마다하지 않는다.

입이 즐거울수록 몸이 부대껴온다. 마치 위와 장이 '나도 좀 쉬자'라고 투덜거리는 것 같다. 습관이 되어버린 식사를 쉬어 가기가 쉽지 않지만 몸속 밸런스를 위해 의지를 가다듬어 가벼운 산책을 하거나 도서실을 찾는다. 점심시간의 도서실은 한적하여 오전의 분주함을 식히기에도 좋다.

남향인 사무실에 정오 볕이 한가득 들던 날이다. 전날 오랜만에 나간 모임에서 먹은 저녁이 식탁 채로 뱃속에 남아 있는 듯 몸이 멍하다. 즐거운 마음에 흡입한 것이 무리가 되었는지 오장육부는 야근을 하고 오전 내내 추가 근무를 하고 있는 것 같아, 지친 위장을 위해 한 끼 쉬어 가겠다고 마음먹는다.

끼니를 반납한 대신 마음의 양식인 책을 볼 생각으로, 도서실로 향한다. 사람들이 썰물처럼 빠져나간 회사는 순식간에 고요하다. 도서실은 클래식 음악이 낮게 흐르고 사서의 책장 넘기는 소리가 가끔 들린다. 평화로운 풍경에, 마치 이곳은 시간의 간격이 다른 공간처럼 느껴진다. 여기에선 시간이 더디 흐를 것 같다. 평온하다.

볼 책을 정하고 온 것이 아니니 서고를 천천히 훑어본다. 기술 서고에는 전문용어가 즐비하고 경제경영 서고의 책은 두께

만큼이나 제목도 무겁다. 걸음을 옮긴다. 어슬렁거리는 도서실 산책이 길어질 즈음 흥미로운 제목을 발견한다. '18세기의 맛'이다.

독특하다. 음식은 주로 어떤 지역이나 시대로 말하는데, 역사의 프로토콜인 '세기'의 맛이란. 조심스레 책을 꺼내어 본다. 호기심은 마음을 부추기지만 행동을 정성스럽게 만든다.

왜 18세기일까? 그것이 궁금할 줄 알았다는 듯 서문에서 곧 답을 한다. 18세기는 귀족들의 음식이 서민의 식탁에도 올라와 고급스러운 맛이 보편화되기 시작했단다. 그리고 세계지도에서도 맛의 이동이 활발하여 이국적인 음식들이 전 세계에 퍼졌고, 종교개혁 이전에는 금욕적이던 소비 생활이 18세기에는 과시하는 소비가 늘고 소비 취향도 대중화되기 시작했다고 말한다. '맛'의 획을 그은 시기라는 것이다.

'어떤 맛이 인기가 있었을까? 그 맛을 왜 많은 사람들이 좋아했을까? 모두에게 맛있는 음식이라는 것이 있을까?'

책은, 맛이란 그 시대의 변화상을 담고 있어 문화 현상도 알 수 있다고 한다. 맛으로 시대의 문화 현상을 보여준다는 말에 지식 군침이 돈다. 어서 책장을 넘겨본다.

차례를 보니 18세기의 맛은 부드러운 맛 버터, 치명적인 맛 복어국, 게르만의 맛 사워크라우트, 건륭제가 사랑한 강남의 맛 거지닭, 그리고 감자, 맥주, 홍차, 커피, 고추장, 쇠고기 환약까지 사람들의 입에 오르내린 다양한 맛이 소개되어 있다.

건륭제가 사랑한 '강남'의 맛이라……. 북경 한가운데인 자금성에 사는 황제가, 초고속 열차로도 6시간 이상 걸리는 남쪽 요리를 어떻게 맛보았을까? 왕들은 현지 요리를 어떻게 먹었을까? 지방에서 진상품으로 올라오는 것은 식재료이거나 보관이 용이한 것들이지 금방 요리한 음식은 아니었을 테니 황제가 지방의 현지 요리를 맛볼 기회는 많지 않았을 것이다.

건륭제의 이야기가 궁금하여 페이지를 뒤로 한참 넘겨본다.

책은, 건륭제가 여행과 음식을 좋아했다고 말한다. 그 두 가지가 잘 어우러진 것이 중국 남쪽 지방을 순행했던 일인데, 재위 기간 중 총 여섯 차례에 걸쳐 다녀왔고 재위 16년 만에 처음, 재위 49년에 마지막으로 남순을 했단다.

'왕을 오래 했나 보네…….'

스마트폰에서 건륭제를 검색하니, 재위 기간이 1735년부터 1796년까지 60년 124일이란다. 중국 18세기의 반 이상이 건륭

제의 통치 아래 있었던 것이다. 이 시기에 중국은 유래 없이 넓은 영토와 국력을 갖게 되었고, 넓어진 영토만큼 건륭제는 남순 외에도 사천성 등을 돌아보는 서순, 산동성 쪽으로 돌아보는 동순도 수차례 했다고 한다.

책은, 남순의 규모가 엄청났다고 말한다. 황제의 순행에는 황자와 공주, 호위병, 요리사, 건축가, 화가, 시인 등 3000명이 동행했다고 한다. 지방 순행은 전통적으로 농사짓는 나라에서 왕의 역할로 중요했던 치수 해결과 지역에서의 인재 발굴, 공자

사당과 선조 능묘 방문 등을 목적으로 했다지만, 미식가 황제에게는 새로운 맛을 발견하는 의미도 적지 않았다고 조심스럽게 폭로한다.

황제는 아침, 점심, 조점, 만점 총 네 번의 식사와 간식을 하는데, 순행 기간에 식재료 수급에 차질이 없도록 젖소 75마리, 양 1000여 마리까지 배에 실었다고 한다. 우유도 현지에서 짜서 마셨던 것이다.

'하루 네 번씩이나 무엇을 차려 냈을까…….'

책은, 궁에서부터 동행한 황제의 어차선방 요리사만이 아니라 순행 가는 지방의 요리사가 만든 음식을 올리기도 했단다. 이것은 북경에서 만주족의 식사를 즐기던 황제가 남쪽의 요리사가 만든 남쪽 요리를 맛보게 되었다는 것을 의미한단다. 황제는 훈제오리 완자와 달콤한 닭볶음과 같은 남쪽 요리에 만족하여 그것을 요리한 요리사에게 은덩어리를 후사하였는데, 다음 남순에서도 그를 찾아 요리하게 하더니 결국 스카우트해 북경으로 데려가기도 했단다.

닭과 오리는 가축을 기르던 중국 남쪽 지방에서 먹는 고기이고 유목 생활을 하던 만주족은 주로 양고기를 먹었는데, 남순 동안에 황제의 식사에 향토 음식을 올리는 과정에서 북쪽의 요리사가 닭과 오리 요리를 접하게 된 것이다. 원래 북경은 오리가 아니었다! 베이징 덕은 어떻게 된 것일까?

책은, 아직 만주족과 한족의 갈등이 있던 때에 건륭제가 만주족 출신 황제에 대한 심리적 거리를 줄여주기 위해 남쪽 백성들에게 시와 문장을 남긴 일화가 많다고 말한다. 그중 생선조림 일화가 흥미롭다.

이야기는 이렇다. 비가 오는 날 항주의 어느 집 문 앞에서 귀인이 식사를 청하여 가난한 주인이 생선조림을 해주었는데 이 맛을 잊지 못한 귀인은 3년 후 다시 찾아왔다고 한다. 같은 음식을 먹은 후 고맙다는 답례로 식당을 차릴 은자를 주었는데, '왕윤흥주루(王潤興酒樓)'라는 식당 이름도 지어주었다고 한다.

여기서 핵심은 윤(潤) 자란다. 비오는 날(氵) 문(門) 앞에 서 있던 황제(王). 얼마나 멋진 인사인가! '나 황제야'라고 하지 않았지만, '윤(潤)'을 보고 주인은 이 귀인이 황제라는 것을 알아챘을 것이다. 잊지 않고 그 맛을 찾아 오고, 그 맛이 변함없음에 감사하는 미식가와 요리사의 인연이 참 훈훈하다. 200년 전에 그 왕이 반한 맛이 지금도 항주에 있단다.

순행 후 북경에 복귀할 때 예산을 남겼던 할아버지 강희제와 달리 그 열 배 이상을 쓰면서 국고를 낭비했다는 비난이 쏟아졌던 건륭제지만, 이런 일화들을 통해 사람들에게는 언제든 문을 두드리며 들어올 것 같고 미복을 한 채 관리들을 감찰할 것 같은 황제의 이미지로 남았다고 한다.

갑자기 도서실 앞 복도에 조명이 밝아진다.

'벌써 시간이?'

점심시간이 시작될 때 소등되었던 불이 켜지면서 다시 업

달콤하고 위험한 역사

무를 시작하라고 알려주는 것이다. 호기심 돋는 책을 발견한 즐거움은 식사를 건너뛴 것도 잊게 하는지 오히려 힘이 난다. 보던 책을 대출하고 기분 좋게 오후 업무에 복귀한다.

밤이 되어 다시 든 책은, 역사 속의 음식을 이야기한다. 중세에는 향료보다 신료가 발달하여 매운 요리가 대부분이었고 오늘날의 인도 요리보다 매웠다고 한다. 부드럽고 순한 맛과 향이 발달한 것은 근대 이후의 일이라는 것이다. 청양고추처럼 혀가 얼얼하게 맵기만 했다는 중세 유럽의 요리가 상상이 되지 않는다.

후추가 비싼 재료라서 '매운 것이 고급'이라는 인식이 있어 귀족들 사이에서는 음식을 먹기 위해 후추를 넣은 것이 아니라 후추를 많이 먹는다는 것을 과시하기 위해 음식을 할 정도였다고 한다. 하지만 아시아에서 후추가 대량으로 수입되면서 가격은 하락하고 누구나 후추를 사용할 수 있게 되자, 상류층은 다시 그로부터 거리를 두었다고 한다.

책은, 서양 요리의 대부분 소스에 들어가는 버터가 실은 중앙아시아 출신이라고 말한다. 기원전 3500년경에 중앙아시아 유목민에 의해 북유럽으로 전파된 것이며, 북쪽의 게르만 지역에서는 고대부터 버터를 많이 사용했지만 남쪽 지중해 지역에서는 문명의 상징인 올리브기름을 애용했다고 한다.

16세기 무렵 프랑스나 이탈리아 등 남부 지방의 요리에서 버터가 보편화되자, 유럽의 단일 신앙이었던 로마 가톨릭에서는 육식을 금하는 사순절과 금요일에 동물성 기름인 버터를 먹지 않도록 버터 사용 금지조항을 만들었다고 말한다.

금지할 만큼 많이 먹었다는 것인가? 흥미로운 것은 그 다음이다.

교황청이 먹지 말라고 금지령을 내린 버터를, 면죄부를 사면 먹을 수 있다고 했다는 것이다. 버터가 일찍부터 일상의 식재료였던 독일, 헝가리, 보헤미아 등지에서는 면죄부를 사서라도 버터 넣은 식사를 하려고 했고, 버터 홀릭 북부 사람들 덕에 사제들은 돈을 두둑이 챙겼던 것이다.

면죄부를 한탄하던 의식 있는 한 대학교수가 '하느님이 언제부터 사람들의 먹고 입는 것까지 관여했느냐'라고 타락한 교회를 꾸짖는 대자보를 써서 교회에 붙였던 사건은 유명하다. 그 교수가 루터다.

루터의 쓴소리가 궁금하다. 인터넷에서 루터를 검색하니

당시 대자보에 쓴 95개 반박문이 나온다. '95개 반박문'을 클릭
하니 그가 작성했던 대자보 사진이 나오고 그 내용이 요약되어
있다. 교회에서 면죄부를 파는 것을 그린 그림도 있다. 책상에
는 면죄부를 팔고 받은 돈이 쌓여 있고 사제가 사람들에게 면죄
부를 건네주고 있다. 저 사람들 중에는 누군가 버터 사용 면죄
부를 사고 있을 것이다.

그 당시에도 이 모습이 독특하다고 생각했던 것일까? 그림
으로 남아 있는 것이 흥미롭다.

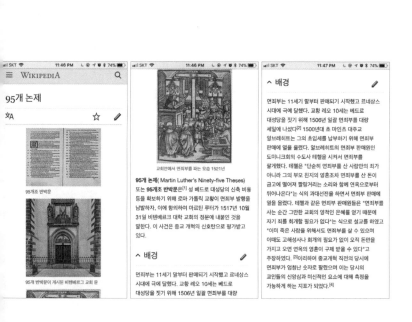

생각해보면 버터 사용 면죄부의 의미는 이미 지은 죄의 사면이 아니다. 앞으로 지을 죄를 사면해준다는 것으로 아직 발생하지 않은 죄의 용서에 대한 것이다. 다시 말하면 미리 면죄부를 구매하면 며칠 후에 버터를 먹더라도 죄가 아닌 것으로 쳐준다는 의미인데, 그것이 버터가 아니라 더 심각한 죄에 대해 사전 면죄부를 판매했을 것을 생각하면 죄의 사면에 대한 당시 교회의 해석이 위험한 방향으로 창의적이었다.

게다가 할인 기간에 사면 더 싸게 살 수 있었으니 동일한 죄에 대해 더 많은 비용을 지불해야 했던 귀족들 중에는 '미리 여러 개 사두자'라고 생각하는 사람이 있었을 것이고, '면죄부도 샀는데……' 하며 죄를 지어도 벌을 받지 않을 것이라는 생각이 부추겨지면 면죄부를 손에 쥔 사람들은 고삐 풀린 망아지가 되었을 것이다.

죄와 벌 사이에서의 심리적 규제가 효력이 없어지면 종교도 힘이 약해지는 것을 교회는 몰랐을까? 부드러운 맛과 향을 가진 버터가 이런 논쟁 속에서 식탁 위를 지켰다는 것이 흥미롭다.

책이 말해주는 이야기도 흥미롭지만, 궁금한 것이 생기고 알아가다 보면 흥미로운 해석을 만나게 된다. 이런 재미를 눈으로만 읽고 흘려보내기가 아쉽다. 뿜어져 나오는 생각을 책 위에 늘어놓고 싶다. 묻고, 뇌에 스친 생각을 적고, 뒷부분을 보다가 생각나면 다시 낙서를 들추어내 읽고 싶다.

아무래도 이 책을 사러 가야겠다.

"벌써 다 읽으셨어요?"

책을 반납하러 도서실로 가는 길에 손에 든 책을 보고 옆자리 동료가 묻는다.

"책이 재미있어서 샀어요. 그래서 반납하려고요."

"정말 재미있나 봐요! 반납하시면 제가 빌려 봐야겠어요."

저녁이 되어 다시 '나의'《18세기의 맛》을 펼친다.

책은, 전쟁과 정복의 역사를 쓴 18세기에는, 음식이 곧 역사였다고 말한다.

제국주의의 식민지 개척에 공을 세운 것이 다름 아닌 독일 전통 음식으로 알려진 '사워크라우트'란다. 사워크라우트는 신맛 나는 채소라는 뜻으로 중국의 쏸차이나 한국의 김치와 같은 것이라며, 동절기에 대비해 마련하는 음식이었고 항해 길에 오르는 독일 선원들은 이 고향 음식을 배에 싣고 다니며 먹었단다.

'이 사워크라우트가 어떻게 식민지를 개척한다는 걸까?'

500년 전만 해도 세계지도에서 찾아보기 어려웠던 스페인, 네덜란드가 황금을 찾아 둥근 지구의 저편으로 식민지 개척을 떠날 때, 그들이 가장 두려워한 것은 해적이 아니라 괴혈병이었다고 한다.

300명이 항해를 떠나도 항해 6주가 지나면 어김없이 괴혈병 증세가 나타나 결국 30명도 채 돌아오지 못했다는 것이다. 몇 안 되는 생존자 중에는 유난히 독일 출신 선원이 많았는데 그들이 괴혈병을 이겨낸 비밀은 그들이 즐겨 먹는 사워크라우트였다는 것이다. 괴혈병은 비타민C 부족이 원인이라서 과일이나 채소를 섭취하면 증상이 사라지는데, 당시 선원들의 식단에는 과일과 채소가 빠졌다는 것이다.

이후 사워크라우트는 대항해시대에 괴혈병으로 인한 사상자를 내지 않고 뉴질랜드, 오스트리아, 남극을 발견하는 데 큰 기여를 했다.

달콤하고 위험한 역사

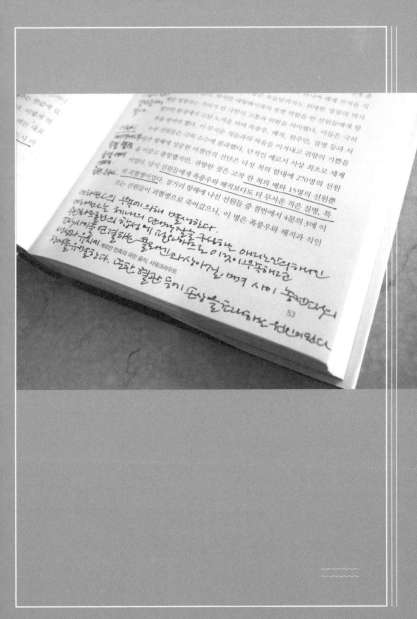

...오늘날까지도 위대한 영광의 역사...

...전 국가의 고통과 위험을 함한 선원들에게 항...

...고된 노역을 하며 폭풍우, 해적, 질병 등을 의미했다. 이들은 극히... 이 무서운 적들과의 싸움을 이겨내고 귀향의 기쁨을... 이루고 출항했지만, 귀향한 것은 고작 한 척의 배와 270명의 선원... 당시 선원들에게 폭풍우와 해적보다도 더 무서운 적은 질병, 특... 는 선원들이 괴혈병으로 죽어갔으니, 이 병은 폭풍우와 해적과 식인...

53

만약 사워크라우트가 아니었다면, 유럽의 식민지 정복은 18세기에 쓴 역사와는 다른 모습이었을까? 지금은 흔한 비타민C가 18세기를 두려움에 떨게 했던 질병을 치료했다고 생각하니, 식탁에 덩그러니 놓여 있는 비타민C가 새삼 다르게 보인다.

책은 또, 18세기에 원산지를 떠나 다른 지역으로 옮겨가 큰 인기를 얻었던 맛을 소개한다. 그 과정에서 예상하지 못한 일이 벌어졌다고 말하면서.

18세기의 유럽 귀족들은 가격이 비싼 설탕으로 권력 과시를 즐겨 코스와 코스 사이에 접시를 치우는 빈(dessert) 시간을 설탕으로 만든 간식으로 채우는 것이 유행이었다는 것, 유럽은 사탕수수 재배를 위해 정복지인 서인도제도(지금의 카리브해)의 토착민을 대량 학살하고 지구 반대에 있던 아프리카인을 강제 이주시켜 땅의 사람을 갈아치웠고 아메리카 대륙 한가운데가 마치 에티오피아 현지 같았다는 것, 네덜란드는 상품성 좋은 물건을 발굴해 무역으로 돈을 벌었는데 중국에서 차를 수입해 왕가와 귀족에게 팔았던 것이 인기를 끌자 이 베타테스트 결과를 활용해 영국에서 짭짤한 수입을 올렸다는 것, 오염된 식수로 질병이 많던 영국에서는 '펄펄 끓는 물에 한 번에 우려서 뜨겁게 마시는' 홍차가 식수였다는 것, 에티오피아 태생인 커피는 북아프리카의 이슬람교를 통해 유럽에 전파되었는데 카페가 홍행하자 지식을 나누며 함께 마시는 소셜 음료가 되었고 카페는 '거기에 들어가기 전보다 네 배 이상의 지성을 갖는다'는 소셜 네트워크 기반의 지식 플랫폼이었다는 것, 영국에선 커피보다 차의 인기가 높아지자 직접 중국차 수입에 뛰어드는 사업자가 늘어났고 정부는 이들에게 세금을 많이 물려 전쟁 자금을 조달했다는 것, 서민들의 알코올로 문제가 되던 진에도 규제를 핑계로 세금을 부과했지만 전쟁 자금 조달에 큰 도움이 되는 세수에 정부가 뒤에서는 웃었다는 것, 중국 차 무역에서 중국이 영국 상품에는 관심이 없어 영국은 별수 없이 은화로 차 값을 지불했는데 중국은 은화가 넘쳐났고 영국은 무역적자로 이를 갈았다는 것, 영국이 인도에서 재배한 아편을 중국에 팔아 무역 불균형을 해소하려 했는데 중국 사람들을 망가뜨리는 아편을 정부가 단속하자 영국과 오랜 전쟁을 치렀다는 것, 이상하게도 조선에서는 흔한 차나무를 약재로 쓸 뿐 중국과 일본처럼 일상에서 차로 음용하지 않았다는 것……

'왜 조선에서는 차를 마시지 않았을까? 식수 퀄리티가 좋아 영국이나 중국처럼 차에 대한 수요가 없었던 것일까? 논밭 일을 해야 해서 차를 따고 덖는 일에 일손은 부족했을까?

궁금해 인터넷에서 '차'를 검색해보니, 흥미로운 사연이 나온다.

차는 삼국시대에 불교와 함께 들어왔고 고려시대까지는 융성했는데 조선의 억불숭유 정책으로 사찰이 억압받으면서 차 문화는 쇠퇴했고 사찰에서 관리해왔던 차 밭도 엉망이 되었다고 설명한다.

조선 초중기에 있었던 소빙기 기후도 차가 재배되기 어려워진 것에 한몫했고, 차를 재배한다고 해도 도로가 열악하여 수요층을 찾아 판매하기가 어려워 결국 먹고사는 방법으로 농사를 택했다는 것이다.

마지막 이유를 보다가 웃음이 났다.

조선에서는 원래 수질이 좋아 흐르는 물을 바로 마실 수 있었기에 차를 끓일 이유도 없었다는 것이다. 추측했던 대로다. 이것이 독서의 맛이다. 위키가 정답이 아닐 수도 있지만 개연성 있는 이유를 생각해낸 것이 짜릿하다.

수질이 좋지 않았던 영국과 중국에서는 차가 식수 대용이었으므로 생활 음료로 자리 잡았지만 조선은 식수가 충분했기 때문에 오히려 문화생활 속에 정착했어야 했는데 조선의 종교

인 유교는 그 자리를 내주지 않았던 것이다. 차가 사람들에게서 멀어지는 사이 조선의 주요 음료는 유교와 함께 성장한 술이 되어 있었고, 다점들은 주막에 자리를 내주었다고 설명한다.

'찻집도 있었구나……'

책은, 18세기의 조선에서도 히트했던 맛이 있다고 말한다. 당시 고추장이 신제품이었는데 영조는 소화력이 좋지 않았는지 입이 짧아 초상화를 보아도 깡마른 것이 눈에 띄는데 식욕이 없을 때는 고추장을 찾았다고 한다. 장맛은 차이가 컸다지만 하필 당파의 핵심 인력 집안 고추장을 좋아했다고 하니, 좋으면서도 싫었을 것 같다.

민가에서도 유행했던 복어국은 한강 복어가 유명했단다. 불룩한 배 때문에 물속의 돼지(河豚)라는 이름을 가졌던 복어는 독이 있어 잘못 먹으면 사망에 이르기까지 하여 시끌시끌했단다. 정조 때의 북학파 학자인 이덕무는 위험한 음식이니 입에 대지 말도록 집안에 단단히 이르는가 하면, 사람들은 복어의 독이 강해지는 복사꽃 피기 전에 서둘러 먹거나 독 없애는 복어 요리법을 만들어 '둘이 먹다 하나 죽어도 모르는' 치명적인 맛을 즐겼다고 한다.

또 꽃이 많은 조선에서는 중양절에 가을 조선을 수놓던 국화를 요리해 먹었다고 한다. 식용 국화는 맛이 달다고 하여 감국(甘菊)이라고 하는데, 감국으로 죽을 쑤거나 찌개를 끓일 때 잎을 넣거나 여린 잎으로 나물을 무쳐 먹었고, 국화떡과 국화전도 인기가 많았고 중양절에 마시던 국화주나 국화차 등 국화를 먹는 법이 다양했다고 한다. 국화가 늦게 피어 꽃이 없을 때는 잎으로 떡을 지어 먹었고, 국화만이 아니라 장미전, 두견화전, 배꽃(이화)전까지 다양한 화전을 먹었단다.

달콤하고 위험한 역사

중양절은 무슨 뜻일까? 스마트폰에서 '중양절'을 검색해본다.

중양절은 양수인 9가 겹치는 날이라는 뜻으로 음력 9월 9일을 말하는데, 오늘날에는 지내지 않는 옛날 명절이라고 한다. 중양절만이 아니라, 1년 중 홀수가 두 번 겹치는 날에는 복이 들어온다고 믿고 음력 1월 1일, 음력 5월 5일 단오, 음력 7월 7일 칠석도 명절로 지냈다고 한다. 이러한 날에는 특별한 음식을 먹었는데, 설날에 떡국을 먹고 7월 칠석에 수분과 원기 보충에 좋은 증편과 복숭아 화채를 먹었단다. 그리고 보면 세시 음식이라는 것은 그 시기에 필요한 영양분을 섭취하는 것이다.

책은, 역사 속에 음식이 있었던 것이 아니라고 말한다. 음식을 먹는다는 것에는 언제나 의미가 뒤따랐으며 그 의미가 바로 역사라고 말한다.

영국에서 차를 마신다는 것, 카페에서 커피를 마신다는 것, 중국에서 강남의 요리를 먹는다는 것에는 특별한 의미가 있었고, 그것이 역사가 되었다는 것이다.

조선에서 고추장을 먹는다는 건 트렌디한 신상품을 먹는다는 의미이고, 설탕을 먹는다는 건 고급스러운 탕약에 든 것을 먹었다는 것이고, 흉년에 술을 담갔다는 것은 임금의 지시를 거역하고 부족한 곡식으로 몰래 술을 담갔다는 것이다. 일본에서 쇠고기 환약을 먹는다는 건 종교가 금지한 쇠고기를 환으로 만들어 '약'이라며 서로 눈감아주고 먹은 것을 말하고, 유럽에서 감자를 먹는다는 것은 스페인의 피사로가 잉카제국을 멸망시키고 황금과 보석을 탈취했을 때 덤으로 가져온 말 많은 음식, 즉 '성적 흥분제라고 의혹을 받고 있는 음식'을 먹는다 것을 의미했다는 것이다.

음식은 삶이었고 문화였다. 그것이 사회가 되고 역사가 된 것이다.

"책을 무척 재미있게 읽으시는 것 같아요!"

읽은 책은 어땠냐고 묻던 동료가 말한다.

동료는 지식이 새끼 치는 듯한 독특한 책읽기가 신기하다며, 자신이 직접 책을 읽는 것보다 책 읽은 이야기를 들려주는 것이 더 재미있다고 연신 칭찬이다.

책도 사람처럼, 알면 알수록 친근감이 느껴지고 더 잘 이해가 되고 좋아진다. 책을 읽다가 궁금한 것을, 아무리 사소한 것이라도 찾아보면 더 깊이 알게 되고 책이 더 좋아진다.

책이 말하는 대로 읽어 내려가는 것이 아니라, 책 안의 지식에서 시작된 호기심을 따라 토핑을 얹듯 다른 지식을 쌓아가다

보면, 한 권을 읽어도 여러 권을 사이드메뉴로 섭취하는 효과가 있다.

그렇게 만나는 책은 통찰이 되어 과식을 해도 탈이 나지 않는다. 한 권의 잘 읽은 책은 생각에 잔근육을 만들어주고 지혜 살을 찌운다. 이게 바로 독서의 맛이다.

삶에
쉼표가 되는 공간

나는 한옥에서
풍경놀이를
즐긴다

퇴근길에 가까운 서점에 들렀다.

몸은 사무실을 나와도 일에 몰입했던 정신이 아직 출구를 찾지 못하고 멍할 때가 있다. 하루 종일 풀가동한 기계가 전원을 껐는데도 공회전을 하는 것처럼 말이다. 퇴근도 에너지가 필요하다.

서점에 가끔 들러보면 힘이 되는 책들이 대기하고 있다. 어느 날엔 낚시 책이, 어느 날엔 해외 도시 지도가, 어느 날엔 중국어 교재가 자극을 준다. 삶이 바쁘게 돌아갈 때 한비자를 만나면, "사람의 몸에 뚫린 구멍은 정신의 창인데 눈과 귀는 색과 소리를 구별하는 데 쓰이고 정신은 겉모습을 분별하는데 다 쓰이고 나면 몸에 주인이 없게 된다"와 같은 구절을 보다가 정신이 번쩍 들기도 한다.

관심을 부르는 책들을 눈으로 따라가다 보면, 어느새 퇴근하지 못하던 뇌의 피로감은 사라지고 호기심과 긍정의 에너지가 충전된다. 현대인의 필수인 에너지 충전에는 역시 서점이 최적이다.

느린 걸음으로 서고를 어슬렁거리던 중에 휴식 같은 제목이 눈에 띈다. '나는 한옥에서 풍경놀이를 즐긴다'.

한옥은 묘한 힘이 있다. 한옥이라는 공간은 인공의 소리를 필터링하는지 자연의 소리가 더 잘 들리고, 나무 바닥에 앉아 있으면 원래 그 자연의 일부였던 것처럼 느껴지고 인위적인 삶의 피로감도 잊는다. '한옥'이라는 글자에서도 그 힘이 느껴진다. 제목만으로도 강력한 힐링 에너지를 발사해주는 책을 꺼내어 본다.

책장을 넘겨보기도 전에 표지의 한옥 사진에 하아, 하고 낮은 탄성이 나온다. 어느 한옥 방에서 창을 통해 바깥 풍경을 바라보는 사진인데, 한가롭고 평온함이 느껴진다.

방에는 창이 여럿이어서, 창 하나에선 마당이 보이고 다른 창으로는 대청마루가 보이고 또 다른 창으로는 멀리 마을을 건너는 다리가 희미하게 보인다. 마당은 볕이 노란 것이 마치 치자 물을 들인 것 같고, 방은 그 볕이 새어 들어와 어두워도 어둡

지 않다. 사진에 끌려 들어간다. 흙과 돌담은 볕을 곱게 빨아놓은 듯하다. 영락없이 치자 경단이다. 색이 너무 고와 한 삽 떠오고 싶다.

'이 집은 어딜까?'

책 앞날개를 보니 표지 사진은 '관가정 사랑채'라고 한다.
관가정……, 모르는 곳이다.

스마트폰을 꺼내어 '관가정'을 검색하니 전경 사진과 함께 설명이 나온다. '조선시대 건축물이고 대한민국 보물이며 조선 중종 때의 관리 손중돈의 옛집'이라고 한다. 남자 주인이 손님을 맞는 공간인 사랑채에 사랑방과 마루가 있는데 그 마루에 '관가정'이라는 현판이 걸려 있고 보통은 대문이 행랑채와 연결되는데 특이하게 이 집은 사랑채와 연결되어 있다고 설명한다.

'대문이 가까워서 창으로 마을이 보였구나.'

대문 옆에는 이동이 잦은 식구가 기거하는 행랑채가 적합할 듯한데 일종의 집무실이나 미팅 공간인 사랑채를 대문 가까이 둔 것을 보면 남자 주인이 외부 출입이 많은 일을 해서 기동력이 중요했나 보다. 혹은 어르신이 꽤나 외향적이어서 사람들과 적극적으로 소통하는 스타일이었을까?

이 집에 방문하면 주인이 버선발로 나와 빠르게 얼굴을 보이며 반갑게 마중해줄 것 같다. 관가정(觀稼亭)은 '집 가(家)'가 아니고 '심을 가(稼)'를 쓴다. 논밭에 벼를 심고, 벼가 자라고, 자손이 커 가고, 집안이 번창하는 것을 바라본다는 의미다. 주인의 리더십이 돋보이는 작명이다.

책을 휘리릭 넘겨보니, 한옥 사진이 가득하다. 누군가 '이리
오너라' 한 듯 대문이 활짝 열려 있고 단아한 한옥의 내부가 보
인다.

'한옥에 창문이 이렇게 많았나?'

들창을 모두 열어 둔 넓은 대청마루, 사방으로 난 창을 열어
둔 방, 몬드리안 사각형을 닮은 창호 문양, 그리고 뒤표지의 흰
눈 내리는 창문……, 사진전이 따로 없다. 사진 속 한옥에서 나
무향이 날 것 같다.

'이런 집에서 한 달만 살아봤으면…….'

차례가 크게, 풍경의 탄생, 풍경의 겹침, 풍경의 절정 이렇게 총 세 파트로 나뉘어 있고, 각 파트는 풍경의 탄생은 차경, 장경, 자경, 풍경의 겹침은 중첩, 족자 등 전문용어인 듯한 소제목으로 구성되어 있다.

'이 정도면 공부를 하는 수준인데…….'

뇌의 피로감을 지우기 위해 가볍게 보려던 마음이 살짝 무게를 느낀다. 보다가 부담되면 사진만 보자고 생각하며 몇 장 넘겨본다.

책은, 한옥을 즐기는 방법으로 창을 통해 풍경을 보라고 말한다. 양손의 엄지와 검지로 네모를 만들어 풍경을 담아보듯이, 창을 액자로 삼고 그 액자에 풍경을 담으면, 창을 통해 보는 풍경이 액자 속 풍경화가 된다는 것이다. 그중에서도 창으로 보이는 풍경만 보는 것이 아니라, 창을 직접 열고 닫고 들어올려 보면서 액자의 프레임에 변화를 주는 풍경놀이가 으뜸이라고 한다.

창과 문을 간단히만 조작해도 분위기가 변하는데, 쉽게는 창을 조금 열었을 때와 많이 열었을 때의 풍경이 다르단다. 미닫이문도 양쪽으로 많이 열면 액자가 정사각형에 가깝고 문을 조금 닫아보면 액자의 폭이 좁아져 세로로 긴 직사각형이 되는데, 이때 문을 많이 닫아서 액자의 모양이 깡마른 직사각형에 가까울수록 풍경에 대한 집중도는 높아진다고 한다.

문을 한쪽 닫아보면, 풍경과 닫힌 문의 창살 문양과 창호지가 잘 어울려 족자처럼 보인다고 한다.

'정말 그러네!'

그간 스쳤던 한옥에서 깊이 생각하지 않고 지나쳤던 것들인데, 새삼 다르게 보인다. 창살 문양과 창호지를 액자 속 풍경의 일부로 보니 색다르다. 눈이 네모를 그리는 방법이 달라진다.

'양반들이 이렇게 놀았구나!'

양반이 책 읽었다는 이야기보다 놀았다는 이야기가 더 흥미롭다. 하루 종일 체면을 유지하고 있어야 하는 양반들에게, 창을 이렇게도 열어보고 저렇게도 열어보며 콘텐츠를 감상하는 풍경놀이가 홈 엔터테인먼트였던 것이다. 영화를 보듯이 움직이는 나뭇잎과 새와 구름을 보고, 드라마를 보듯이 사람들의 움직임과 소리를 들었을 것이다. 그 옛날 TV도 없고 인터넷도 없던 시절에 창이 미디어였던 것이다.

창이 액자가 되고 풍경이 액자 속 그림이 되는 것을 차경(借

삶에 쉼표가 되는 공간

景)의 원리라고 한단다. 빌릴 차(借)에 경치 경(景)……

'창밖의 풍경 요소를 집이라는 판과 창이라는 틀 속으로 가져와 심미적 얘깃거리로 만든다'는 뜻이란다. 자연의 풍경을 빌려와 아름다운 그림으로 삼았다니, 멋진 해석이다.

장경(場景)이라는 것도 있는데 경치를 무대(場)에 올린다는 것으로, 대문 밖 멀리 보이는 나무와 마을의 논과 겨울 눈에 희미해진 산을 대문이라는 액자에 담아서 보면 예술무대가 따로 없다는 것이다.

차경의 원리에서는 '빌린다(借)'는 말이 당당하고 유쾌하다. 빌려온 경치는 상환의 의무가 없으니 채무자도 유쾌하다. 오로지 즐기기만 하면 된다.

"풍경 한 평 빌려갑니다!"

언제든 보고 싶은 경치를 빌려서 내 것으로 즐길 수 있으니 얼마나 넉넉한 자산인가! 자연이라는 아카이브는 끝도 없고 늘 변하니 더 없이 풍부한 라이브러리다. 풍경을 빌려 창에 담아 그림으로 삼고, 마을 풍경을 빌려 대문 사이에 담아 예술을 삼고, 하늘과 산을 빌려 내 것으로 삼는다는 창의적인 아이디어에 감탄이 절로 나온다.

'나도 풍경을 제대로 한번 빌려보고 싶군!'

적극적으로 풍경 채무자가 되어볼 생각으로 책을 사서 나온다.

호기심은 엄청난 양의 에너지를 빠르게 생성한다. 뇌는 어느새 공회전을 멈추고 진짜 퇴근을 한다.

펜을 들고 본격적으로 책을 든다. 여행이나 나들이에서 보았던 한옥들도 가지고 있었을 모습을 몰라서 놓쳤다고 생각하니, 책이 설명하는 것을 잘 듣고 다음에는 '꼭 놓치지 않고 보기 위해' 설명을 받아 적을 태세다.

책은, 다시 보아도 사진들이 멋지다. 한옥 내부에 직접 들어가서 내 집인 듯 방에 앉아서 창밖으로 집 안팎의 풍경을 둘러보다가 찍은 것이다. 사진에서 보이는 문화재 한옥에 들어가서 방안에 앉거나 서서 사진 속 렌즈의 위치에서 한옥을 경험하는 것은 흔치 않다.

책머리에 부치는 말에서, 이 책의 저자는 이 한옥들과 아주 오래된 인연이라고 말한다. 20년도 더 전부터 전통 답사를 다니면서 만난 한옥들인데 그때는 아직 문화재를 체계적으로 관리하지 못하여 지금 문화재로 지정되어 있는 한옥 중 상당수가 당시에는 문화재가 아니었다고 한다. 문화재 지정 전에는 시골의 오래된 한옥에 불과했고, 지금은 비어 있는 문화재도 그때는 사람이 많이 살았다고 한다.

'한옥이 문화재가 되면 살던 사람이 나가야 하나? 어떤 한옥이 문화재가 될까? 잘 보존된 한옥이나 주인의 직급이 높았던 한옥일까? 문화재 한옥에는 어떤 것들이 있을까?'

'문화재'를 검색하니 검색 결과 중 '문화재청 문화재 검색'이 눈에 띈다. 클릭하니 문화재와 문화재의 상세 정보를 찾아볼 수 있는 페이지가 나온다. 예를 들면 문화재 검색창에 '숭례문'을 입력하면 "국보 제1호, 서울 중구 소재, 관리자는 문화재청 덕수궁관리소"가 나온다.

한옥 문화재도 찾을 수 있을 것 같다.

문화재 검색창에 '한옥'을 입력하니, 이름이나 설명에 포함된 '한옥' 문화재가 총 125개다.

고종이 나고 자란 흥선대원군의 집 운현궁, 고려 말 조선 건국을 반대하던 함부열이 은거하면서 집성촌이 형성된 강원도 고성 왕곡마을, 현대문학사에 큰 자취를 남긴 영랑 김윤식의 강진 영랑 생가 등 다양하다.

한옥 교회와 한옥 성당도 흥미롭다. 전북 김제시의 금산교회나 충북 진천의 대한성공회진천성당은 사진을 보니 영락없이 한옥이다. 전통 건축의 사찰은 많지만 교회나 성당은 흔치 않아 신기하다.

서울 남대문의 한옥 상가, 경기도 안산의 구 대부면사무소, 서울 중구 덕수궁 길의 구 미국공사관 등 상업시설과 사무실도 있다. 예상치 못한 한옥 문화재다.

구 미국공사관이 한옥이라는 것이 흥미로워 세부 정보를 클릭해보니, ㄱ자 구조의 한옥 사진이 나온다. 누구네 집이라고 해도 될 만큼 전형적인 한옥이다. 민감한 정보 교류와 의사결정이 저 소박한 한옥에서 이루어졌을 것을 상상하니 어딘가 어색하다. 한옥은 사람 사는 집이라는 이미지가 강해서 사무실이나 상가가 '당연하게' 한옥이라고 느껴지지 않는다.

문화재별 상세 정보를 보다가 반가운 안내를 발견한다.

"위 문화재는 일반적으로 관람이 가능하나, 소유주 등의 개인적 사정으로 관람이 제한될 수도 있다."

'문화재에 들어가 볼 수 있다니!'

머지않아 가서 직접 볼 생각으로 신이 나 몇 곳을 메모해둔다.

이제 그만 사이트를 나오려던 차에 메뉴 중 '우리 지역 문화재'가 눈에 띈다.

'근처에 있는 문화재를 알려준다고?'

'경기도 용인시'로 검색해보니 경기도 용인시 소재의 문화재가 무척 많다. 정몽주 초상화, 고종의 누비저고리가 나온다. 서울 소재의 문화재로는 '백범 김구 혈의'도 있단다. 1949년 경교장에서 총격으로 서거할 당시 입고 있었던 의복류 일체이고 그중 조끼적삼과 저고리에는 탄흔이 있어 서거 당시의 상황을 알 수 있다고 한다. 놀랍다, 이런 문화재가 보존되어 있다니!

탐험에 너무 빠졌다. 하지만 괜찮다. 이것이 책읽기다. 진도를 나가는 것이 중요하지 않다. 호기심 밭에 씨앗을 뿌리고 거기서 책 읽는 사람이 자신에게 필요한 통찰을 찾아가는 과정이 책읽기다.

'어디 읽던 중이더라…….'

책은, 한옥이 얼마나 다양하고 많은 이야기가 있는지를 기다렸다는 듯이 쏟아낸다. 양반의 가옥이라 재미가 없을 것으로 보이지만 자세히 들여다보면 많은 이야기를 담고 있다고 말한다. '이런 것도 있어. 신기하지?' 하며.

한옥은 원래 지배계급의 권위를 과시할 목적을 가진 집이라 소박하고 해학적인 민가와 비교하면 첫인상은 권위적일 수도 있다는 것, 한옥의 재료는 기둥, 마루, 돌담, 창호지까지 모두 흙과 나무 등 자연에서 난 것이라 주변 자연경관과 잘 어울려 한 폭의 그림이 된다는 것, 한옥은 아파트는 꿈도 꾸지 못할 만큼 집 자체가 가변적이라 다양한 모습을 보여줄 수 있는데 많은 창을 조작해서 가능하다는 것, 이를 테면 집주인이 사람들을 불러모아 대장 노릇 좀 하고 싶으면 창을 좌우대칭보다는 대칭을 깨는 구도를 만들면 리더십을 보여주기 좋다는 것, 창으로는 바깥만 보는 것이 아니라 집안의 상태를 점검하고 집안 식구들의 성실함을 모니터링했다는 것, 나아가 자신의 집 여기저기를 창을 통해 바라보면서[自景] '훌륭하구나', '좋구나'를 연발하는 나르시시즘도 작렬이었다는 것, 한복 입을 때 저고리, 조끼, 마고자, 두루마기 겹쳐 입듯이 한옥도 창을 조작하면 창문, 서까래, 처마, 마당까지 레이어드 룩(Layered look)이 제맛이라는 것, 사람도 망가질 때 쉽게 친해지는 것처럼 풍경 요소들이 조각조각 분할된 상태로 연결되어 보일 때 숨은 조각을 추측해내는 즐거움이 있다는 것, 한옥의 구조는 ㄱ자형, ㄷ자형, ㅁ자형, ㅂ자형 등 꺾임이 많아 창을 통해 꺾이고 또 꺾이는 공간의 분할과 증식을 보다 보면 액자 속 액자가 끝도 없어 마치 프랙털 기하학처럼 보인다는 것, 풍경놀이가 아무리 다양해도 태생이 양반 가옥이라 근엄한 척하는 덕에 '놀이'로서의 '한옥'은 밖에서 보면 알기가 어렵다는 것……

한옥에 이런 모습이 있다는 해석이 흥미롭다.

한옥이 겉으로 보이는 정적이고 무거운 인상과 다르게 양반의 소소한 일상과 라이프스타일로 해석하니, 그곳도 사람이 생활하는 공간이라는 생각에 친근해지는 듯하다.

책은, 한옥이 밖에서 볼 때 무거운 이미지를 갖는 데에는 '딱딱하고 고집스러워 보이는 솟을대문'이 한몫한다고 말한다.

'솟을대문이 뭐지? 대문과 다른 건가?'

'솟을대문'을 검색해보니, 널리 사용되는 용어가 아닌지 사전에 나오지 않고 검색 결과가 많지 않다. '솟을대문' 낱말이 포함된 글이 대부분인데, 그중 한국학중앙연구원의 한국민족문화대백과사전의 내용이 이해가 쉽다.

"조선시대 양반 관료들은 주로 가마를 타고 다녔는데, 특히 종2품 이상이 타는 초헌(軺軒)은 외바퀴가 달린 수레 형식의 가마로 보통 6~9인이 한 조를 이루어 움직였고, 가마가 높고 바퀴가 달려 있어 솟을대문을 설치하고 바퀴가 통과할 수 있도록 문턱도 없앴다"는 것이다.

바퀴가 달린 높은 가마를 집 안에 주차하느라 대문이 높았으니 솟을대문은 자연스럽게 '대감'집의 상징이었을 것이다. 이마저도 양반 비율이 10퍼센트 미만이던 조선 초기와 달리 조선 후기에는 70퍼센트가 양반이라 솟을대문은 유행처럼 지어졌을 것이다. 더 이상 솟을대문이 아니고 대문이 되었을 것이다.

솟을대문에 수레가 드나드는 것을 상상하니 동적인 에너지가 느껴진다.

책 속 솟을대문을 감상하고 있으니 사진 속 기와가 눈에 띈다.

솟을대문을 웅장하게도, 반겨주는 것 같게도 하는 이유가 그 솟을대문의 풍성한 기와가 집의 얼굴 같아서라는 생각을 해 본다.

기와는 언제부터 사용했을까? 문득 저렇게 멋진 기와가 언제부터 어떻게 만들어져 사용되었는지 궁금하다. 기와의 역사가 아주 오래되었다면 그것 또한 흥미로울 것 같다. 얼른 '기와'를 검색한다.

검색 결과가 다채롭고 내용도 다양하다. 서양에서는 고대

삶에 쉼표가 되는 공간

그리스나 로마 때부터 사용되었다는 것, 중국은 진한시대에 기와 건축이 매우 발전했다는 것, 우리는 한무제가 위만조선을 멸망시키고 한사군을 설치한 기원전 2세기경에 낙랑군의 영향으로 기와 건축이 시작되었다는 것, 기와의 종류나 크기도 흔하게 보이는 것만이 아니라 치미나 막새 같은 용도에 따라 대형 기와도 많았다는 것, 수키와와 암키와로 기왓등과 기왓골을 만드는 것은 눈과 빗물의 누수를 방지하기 위함이라는 것 등이다. 이렇게 오래된 자재라고 하니 기와가 달리 보인다.

책은, 대문을 열고 들어가듯 한옥 안의 이야기를 들려준다. 한옥을 제대로 즐기는 방법을 듣다 보니, 한옥에 대한 관심은 많았지만 한옥을 잘 알지 못하고 있었다는 생각이 든다. '알아야 하는 것은 아니지만 '알고 있으면' 다른 것도 보인다.

책은, 한옥에 대한 관심이 높아진 것이 한옥에 대한 이해가 깊어진 것보다는 '아파트에서 벗어나고 싶어' 혹은 '힐링하면서 살고 싶어'라는 의미라고 해석한다. '서구식 압축 근대화가 정점에 이르면서 그 피로 현상을 전통문화로 치유하려는' 현상이라고 말한다.

유럽이 150년간 이룬 성장을 한국은 50년에 이루었기 때문에 급성장의 피로감은 더 클 것이다. 부모 세대의 직업은 이제 박물관에 전시되어 있고, 앞으로는 대학에서 배운 것을 10년도 활용하지 못할 수도 있다. 어쩌면 대학에서 배우고 있는 동안에 그 기술이 쇠퇴하고 다른 기술이 등장할 수도 있다. 직업이 미래를 밝혀주지 못할 수도 있다는 사실을 감지한 우리는 늘 불안하고 사회는 집단 스트레스가 만성화된 사람들을 이끄느라 힘이 든다. 급성장한 나라들이 겪는 사춘기다. 사회도, 사람도 치유가 필요하다.

겉으로 난 상처도 아닌데 어떻게 치유할 수 있을까? 치유는 치료와 뭐가 다를까? 가만 한자를 들여다보니 치유(治癒)의 '병 나을 유(癒)'에는 마음 심(心)이 있고 치료(治療)의 '고칠 료(療)'에는 없다. 치유는 병이 나아서 균형을 이루는 것에 초점을 두는 표현이고 치료는 고치는 행위에 초점을 두는 표현이다. 치유는 마음을 낫게 하는 것, 마음으로 낫게 하는 것, 마음으로 마음을 낫게 하는 것이다.

한옥을 찾는 이유가 그것이다. 한옥의 나무 마루에 누워 풍경을 바라보고 있으면, 볕의 온기와 나무의 향기와 자연의 소리가 마음을 위로한다. 마음이 평온해지면서 몸도 점차 균형을 찾는다.

계절이 시작되면 몸이 들썩들썩한다. 벚꽃 핀다고, 단풍 든다고, 눈 내린다고 계절 명소를 나열하며 여행 계획을 세우다가 주말 고속도로 행렬에 일조할 것을 떠올리면서 이내 조용하고 자연과 하나 되기 좋은 '우리 스타일'로 귀결된다. 방전된 몸에 에너지를 주입할 수 있는 곳.

희원은 남편이 '한국 정원'이라며 추천한 곳이다. 처음 갔을 때 말수 적은 남편은 드물게 설명에 의욕을 보였다. 희원은 한복의 치마폭 겹쳐지듯 공간의 중첩이 있어 한 번에 전경이 다 보이지 않고 입구에서 들어가면 이만큼 보이고 담을 돌면 다른 풍경이 펼쳐진다고 설명했다. 걷다 보니 그런 것 같았다. 또다시 담을 돌아 나가면 뭐가 쫙 펼쳐진다더니, 정말 그랬다! 연꽃이 가득한 연못이었다.

책을 읽고 얼마 되지 않아 다시 가 본 희원의 묘미는 정자에서 만나는 풍경이었다. 정자는 사방 창을 열어 두었다. 창에서는 멀리 나무가 보이고 바람이 불면 나뭇잎이 서로 비벼 사사삭 소리를 낸다. 새도 와서 앉았다 간다. 그야말로 살아 있는 풍경화다.

"너무 예쁘다!"

사진 찍는 소리가 멈추지 않는다. 한 사람이 찍어서 나누면

될 거라고 생각하지만, 아니다! 카메라를 대고 호흡을 멈출 때 풍경이 내 것이 된다. 눈으로 본 것을 프레임에 담는 순간이 감상의 절정이다. 사진을 다시 보지 않더라도.

　바라보고 있으니 마음도 눈도 깨끗해진다. 세심창(洗心窓)이다.

인류의
낮선 고향

처음 읽는
아프리카의 역사

"그 책 읽어봤어요?"

식량이 많은데도 왜 기아문제가 해결되지 않는지를 이야기한 《처음 읽는 아프리카의 역사》를 꼭 읽어보라고 지인이 권한다.

나중에 알고 보니 지인이 추천하려던 책은 《처음 읽는 아프리카의 역사》가 아니라 《왜 세계의 절반은 굶주리는가》였다. 유엔 인권위원회 식량특별조사관이었던 장 지글러가 기아가 해결되지 않는 이유에 대한 충격적인 사실을 아이의 질문에 답하면서 쉽게 설명해주는 내용이다.

아프리카……, 오랜만에 들어본다. 아는 곳인 것 같지만 생각해보면 잘 알지 못하는 곳이다. 생소한 지구 다른 곳의 이야기가 왠지 끌린다. 조만간 서점에 가서 볼 생각을 하던 차에 지인은 고맙게도 다음 날 책 두 권을 들고 왔다. 《왜 세계의 절반은 굶주리는가》와《처음 읽는 아프리카의 역사》.

"제목을 헷갈렸네요. 두 권 다 가져와봤어요."

이렇게 우연히 만났다.

《처음 읽는 아프리카의 역사》 첫 장에 아프리카 지도가 보인다. 가물가물할 걸 알고 있었다는 듯 지도를 먼저 보여주는 센스에 하이파이브를 해주고 싶다.

지도에는 나라마다 빨간색부터 파란색까지 채도 변화를 주어 다른 색으로 보여주는데, 나라가 많아서 아프리카 대륙이 무척 다채롭게 느껴진다. 낯선 나라가 많고, 도시인 줄 알았는데 나라인 곳도 있다.

'유럽이 이렇게나 가까웠구나!'

유럽과 아프리카 대륙은 지도로 보니 무척 가깝다. 스페인, 이탈리아와는 매우 근접해 있다. 스페인 땅에 있지만 영국령인 지브롤터와 아프리카는 거의 붙어 있다.

지도에서는 국경선이 독특하여 눈에 띈다. 유독 직선이 많다. 리비아와 이집트의 국경, 잠비아와 앙골라의 국경, 모리타니와 말리의 국경……. 자를 대고 그은 듯하다. '누가 그었을까…….'

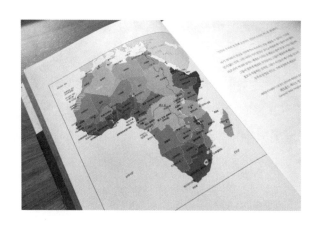

　궁금하지만 호기심을 접고 책에 호흡을 맞춘다. 지인의 책이니 빠르게 보고 '반납'해야 하니까. 지인은 한 달쯤 후에 반납해도 재미있게 봤으니 좋다며 보람을 연체료로 받겠지만 마음이 쓰인다. 뒷부분에서 국경 이야기가 나올 걸 기대하며, 일단 고!

　지도를 한참 보고 나니 이제야 아프리카와 통성명을 한 느낌이다. 아프리카와 가까워 지도의 오른쪽 상단에 회색 처리되어 있는 아랍 지역과도 눈인사를 나눈다.

　차례를 보니, 이 책은 기원전 5억 5000만 년 전부터 2004년까지의 아프리카를 이야기한다. 이렇게 긴 역사를 가지고 있었구나 싶기도 하고, 이 오랜 역사를 책 한 권에 어떻게 담았을까 싶기도 하다.

긴긴 아프리카의 시간은 들어볼 기회가 많지 않다. 첫 인류의 기억이 있는 '인류의 요람'과 '사피엔스' 이후 침묵이 이어지다가 동인도회사로 점프한다. 고대 아프리카나 중세 아프리카라는 말을 들어보지 못했다. 고대는 그리스 로마만 있었던 것 같고 중세는 유럽만 발전한 듯 여겨진다.

책은, 아프리카 역사가 '마치 약 500년 전 유럽의 무역선들이 상륙한 이후부터 비로소 존재'한 듯한 인상을 받는 것이 안타깝다며 가려져 있던 진짜 아프리카 이야기를 한다고 한다.

아프리카라는 이름은 이방인들이 지어주었다고 한다. 오늘날의 베르베르 사람들의 조상이 아프리카 사람들을 '아프리(afri)'라 불렀던 것에서 유래한다고 한다. 아프리카 사람들이 자신을 '아프리'라고 소개한 것이 아니고 타인이 부르던 이름이 정착된 것이다.

아프리는 무슨 뜻일까? '아프리카'의 어원을 검색해보니, '아프리'는 베르베르 말로 '동굴에 사는 사람'을 뜻하고, 아프리카의 '카(-ca)'는 라틴어 접미사로 '땅'이라는 뜻이라고 한다. 로마는 아프리카 북부와 잦은 전투가 있었고 결국 북부 해안에 넓게 퍼져 있던 카르타고를 정복한 후 이 지역을 '총독 통치 지역 아프리카'라고 하면서 널리 불리게 되었다는 것이다. 외부 인들이 이름을 짓고 부르는 동안에도 중앙아프리카와 남부에서는 자신들이 아프리카 사람이 되어가고 있는 것을 몰랐을 것이다.

조금 아찔하다. 남이 만들어준 정체성이 진짜가 되었다는 것이.

책은, 광활한 아프리카를 이야기한다. 인류의 역사는 늘 더 오랜 19만 년보다 최근 1만 년을 더 길게 기억하고, 과거 8000년보다 최근 2000년을 더 길게 말하고, 앞의 1800년보다 뒤의 200년간 변화를 더 혁명적으로 인식해오던 것에 쉼표를 던지며 19만 8000년의 인류 발전 스토리를 전해준다.

지구의 첫 땅은 아프리카 남부의 바위 덩어리였다는 것, 황금의 절반이 최초의 암석 덩어리들이 식으면서 견고한 땅이 된 이 남아프리카에서 나온다는 것, 이곳에서 발견된 최초의 포유류와 익사한 공룡은 동일 시대를 살았는데 생존을 위해 몸집을 키운 공룡은 사라지고 훨씬 작았던 포유류는 역경이 진화를 가속하며 4500종을 이루었다는 것, 기후변화를 보면 인간이 환경에 적응하면서 발달한 흔적을 볼 수 있는데 서부에서는 숲이 많아 나무에 기어오르는 능력이 필요했고 동부에서는 평지를 빠르게 달리거나 시야 확보를 위해 반듯하게 일어서는 능력이 필요했다는 것, 똑바로 서고 목을 꼿꼿하게 세우면서 목코목구멍(인후강)에 복잡한 언어 도구들을 위한 자리가 생겨났다는 것, 혀를 놀리는 법을 끊임없이 연습해서 수많은 다양한 소리를 낼 수 있게 되었다는 것, 그렇게 10만 년이 흐르고 지금으로부터 10만 년 전에는 아프리카 인구 100만 명 중 몇 백 명이 베링

해협을 건너 북아메리카로 가는 배낭여행에 성공하였고 유전적으로 보면 우리 인간은 모두 아프리카 사람이라는 것, 유럽이 애지중지하는 이집트문명 중 피라미드는 10만 명이 20년간 노동한 결과라는 것, 이러한 노동력 착취는 군대와 감시자로 운영되는 국가 구조에서나 가능하다는 것, 이집트는 주변에도 영향력을 미쳤는데 이집트가 1500년 넘게 갑질을 했던 누비아가 거꾸로 이집트에게서 배워 중앙집권국가를 세우고 힘을 키워 이집트를 정복하면서 밝은 피부의 파라오 계보에서 검은 파라오가 나왔다는 것, 100년도 채 되지 않아 지금의 그리스 북부에 위치한 마케도니아가 통치권을 잡아 이집트에는 고대 그리스어가 유입되었다는 것, 이집트의 마지막 파라오인 클레오파트라가 뱀에 물려 죽는 자살을 한 후 이집트는 로마제국의 일부가 되었다는 것……

100년 전만 해도 옛날인데 5억 5000만 년 전이라는 숫자는 시간이라기보다 공기 덩어리 같은 느낌이다. 오랜 시간이 흘러 최초의 인류가 생겨나고, 직립하고, 스킬을 습득하고, 소리를 발화하여 소통하고, 모여 살던 것에서 지배계급이 생기고, 도시국가를 만들기까지 인류는 엄청난 발전을 해온 것이다. 우리나라의 역사는 인류의 역사 중에 불과 3000분의 1밖에 되지 않는다.

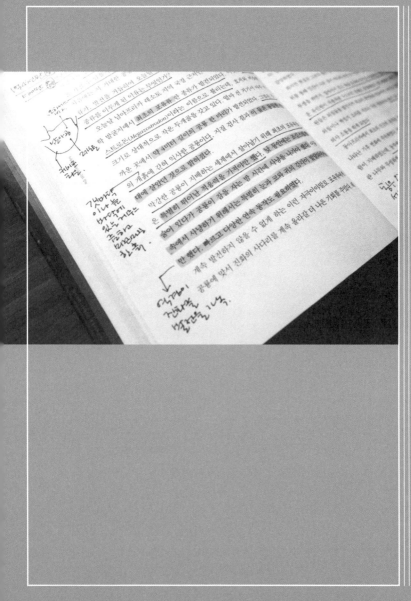

'클레오파트라가 정말 뱀에 물려 죽는 자살을 했을까?'

역사 속 극적인 이야기는 호기심을 불러일으킨다.

다시 스마트폰을 꺼내어 클레오파트라를 검색하니, 위키백과에 "클레오파트라 7세 필로파토르이며 이집트의 프톨레마이오스 왕조의 여성 파라오"라고 한다.

'클레오파트라가 한 사람의 이름이 아니구나…….'

프톨레마이오스 왕조의 계보를 찾아보니, 역대 파라오 리스트에 프톨레마이오스 1세, 2세, …… 클레오파트라의 남동생이자 남편인 13세, 14세 등과 클레오파트라 2세, 3세, 5세 등이 나온다.

보통 '클레오파트라'는 클레오파트라 7세를 말한다. 그녀의 어머니가 클레오파트라 5세다. 어머니도 클레오파트라다. 아버지는 어머니의 오빠 프톨레마이오스 12세다. 아버지가 외삼촌인 것이다. 어머니가 고모라고 해야 할까? 근친혼의 왕조라 촌수가 복잡하다.

37세에 이른 죽음을 맞은 클레오파트라가 옥타비아누스에게 패한 후 뱀에 물리는 자살을 했다는 것은 기록된 것이고, 옥타비아누스가 죽인 후 자살로 발표하여 이미지를 깎아내리려 했다는 설과 병사설도 있단다. 뱀 자살은 실제로 과거에 있었던 사실인지 기록된 과거인지는 모른다. 역사가가 의미 있다고 해석한 방식으로 스토리텔링한 것이 역사적 사실이 되었을 수도 있다.

어쨌든 클레오파트라가 사망한 후 아프리카 대륙 북부에 위치한 이집트 땅에는 로마인이 대거 유입되었을 것이고 자연스럽게 이질적인 두 문화가 섞이기 시작했을 것이다.

흥미로운 발견을 눈으로만 보기가 아쉽다. 책을 보다가

곁길로 새어 만난 이야기는 반가움의 표시로, 공감의 표시로, 꼭 기억해두겠다는 표시로 줄을 긋거나 추임새 같은 낙서를 하면 책 읽는 맛이 제법이다. 하지만 빌려서 보는 책은 그것이 어렵다.

아무래도 책과 주고받을 이야기가 많을 것 같아서 '내' 책으로 읽어야겠다. 휴일 아침 서점 문이 열리기를 기다려 책을 사서 나온다.

좋은 책을 만나 마음이 흡족하여 두 손으로 책을 들고 말한다.
"반가워. 잘 부탁해."

본격적으로 펜을 들고 책을 편다. 서기 1년 무렵부터 10세기까지는 여러 종교가 탄생하고 그 여파로 아프리카에도 전통종교 외에 유대교, 기독교, 이슬람교 등 신생 종교가 수입되었다고 한다. 특히 이슬람교가 아프리카 왕국과 부족에게 적극적으로 전파되었고 그 과정에서 여러 부족과 왕국이 땅을 잃고 쫓겨나고 새로운 이슬람왕국이 탄생하는 지각변동이 있었다고 말한다.

지도를 보니 그 과정이 상상이 된다. 아라비아반도에서 시작된 이슬람교는 나일강 유역을 지나 북아프리카 지역으로 먼저 흡수되고 차츰 서쪽과 중앙으로 이동했을 것이다. 그 과정에서 전통 종교와 대립이 있었을 수도 있다. 현재 아프리카 대륙의 북부 지역에 위치한 대부분의 나라가 이슬람교이며 아랍어를 사용하는 아랍연맹에 속해 있는 것을 보면 이때부터 개종이 시작되었을 것이다.

생각해보면 이 무렵 종교의 탄생은 자연스러운 것이다. 집단을 이루어 조직으로 살기 시작한 지 이미 오래되었으니, 가장 강력한 욕망인 식량을 중심으로 모인 그룹은 그 사회의 유지를 위해 개인의 욕망과 행동을 다소 통제할 필요가 있었을 것이고, 풍작을 위해서는 집단이 협력하도록 관계를 돈독하게 할 필요가 있었을 것이고, 나아가 집단의 번영이 개개인을 보호한다는 것을 믿으며 모두 같은 꿈을 꾸도록 콘텐츠가 발달했을 것이다.

농업혁명으로 인구가 폭발하면서 사회가 커지면서 소수의 지배자와 다수의 피지배자 구조가 생겼을 것이고, 숫자가 많아지고 계급의 구조가 복잡해지면서 사람들의 관계는 점차 추상화되었을 것이다. 소수의 사람이 모여 살 때에는 누가 누구의 엄마이고 아빠인지, 어느 집의 몇째 아들인지를 알았겠지만 기하급수적으로 늘어난 인구 속에서는 '아는 사람'과 '모르는 사람'

이 존재했을 것이고 '모르는 사람'과도 단결하게 해야 했던 지배자에게는 힘을 모아 식량을 얻는 것을 넘어 인간의 능력을 초월하는 자연현상과 죽음 이후에 대한 두려움을 해소해줄 강력한 힘이 요구되었을 것이다. 위험을 추론하고 대응방법을 제시하면서 입증되는 그 힘은 입에서 입으로 전해지는 신화와 달리 기록을 통해 구체화되었을 것이고, 사회가 커질수록 종교는 더욱 전문적인 모습을 갖추게 되었을 것이다.

책은, 아프리카에서 종교의 전파로 인한 드라마틱한 지각변동이 있었다고 말한다. 그중에서도 사하라 남쪽 가나왕국의 사연은 저런, 하는 소리가 나온다.

당시의 가나는 지금 우리가 알고 있는 가나가 아니란다. 지금의 가나는, 1960년 무렵 아프리카에서 많은 나라들이 독립할 때 이 지역에서 독립한 나라가 옛 가나를 기리기 위해 그 이름을 사용한 것이란다.

옛 가나는, 파내도 파내도 나오는 황금으로 인해 나라 안은 화목하고 나라 밖으로는 입이 닳도록 부러움을 샀는데 제후와 영지를 내어주는 은총을 베풀었던 말랑케족에게 30여 년 만에 뒤통수를 맞고 나라를 넘겨주게 되었다는 것이다. 노랗게 빛나던 황금의 땅 옛 가나에는 새 이슬람왕국 말리가 탄생한다.

가나와는 아무런 친분도 없지만 이러한 스토리를 들으니 안타깝다. 선의를 베풀다가 나라를 빼앗기는 일은 왜 벌어질까?

아프리카 토착민만이 아니다. 북아메리카의 인디언들은 콜럼버스와 운명의 악수를 나눈 후 유럽에서 이주해온 사람들에게 땅도 마음의 고향도 뺏기고 쫓기다가 침략자라는 낱말이 없어 대신 '요세미티!'를 외치다가 인디언 보호구역으로 쫓겨 들어간다. 아스텍문명은 스페인의 에르난 코르테스의 등장에 귀한 대접을 하고 황금을 선물하고도 코르테스의 반전 선물인 천연두를 얻게 되고, 항체가 없던 아스텍 사람들은 결국 파국을 맞는다. 잉카제국은 코르테스의 무용담을 듣고 친척인 피사로가 황금을 노리고 접촉해온 것을 판단하지 못하고 유적의 귀금속까지 파내어 바치고도 끝내 문명이 막을 내렸다.

순간의 선택이 역사를 통째로 바꾼 사건을 듣다 보면 드라마틱하고 당혹스럽다.

책은, 아프리카에도 '어떻게 이런 일이' 하는 사건으로 500년 전에 있었던 놀라운 사실을 폭로한다. 처음에는 아무도 이런 역사가 될 것으로 예상하지 못했을 사건을.

맨 처음 유럽으로 끌려간 아프리카 사람들은 다른 외모로

WIKIPEDIA

에르난 코르테스

문서 이슈

제1대 옥사카 계곡 후작 에르난 코르테스 데 몬로이 이 피사로 알타미라노(스페인어: Hernán Cortés Monroy Pizarro Altamirano, [erˈnaŋ korˈtes ðe monˈroj i piˈθaro][*], 1484년 ~ 1547년 12월 2일)는 멕시코지역의 아스텍 문명을 정복한 스페인의 정복자이다

에르난 코르테스

HERNANDO CORTES

아스텍 문명 정복

코르테스는 유카탄 반도에 식민지를 건설하기 위해 탐험대장으로 내정되었다. 하지만 그의 승승장구를 두려워한 총독 벨라스케스가 이를 번복하자 1519년 병사 508명과 말 16필을 11척의 배에 나누어 타고 독자적으로 유카탄 반도에 상륙하였다. 그는 이곳에서 베라크루스라는 도시를 건설하였고 유카탄 반도의 마야족들과 전투를 벌이면서 부족들을 점령해나갔다. 말이나 대포에 관해서 전혀 모르는 틀락스칼라인들은 한 번의 전투 후 코르테스에게 항복하였다. 코르테스는 원주민을 통해 아스텍 왕국에 대한 정보를 입수하고 왕국을 정복하기 위해 진군하였다. 코르테스는 아스텍 왕국에 들어갔으나 아스텍 황제 몬테수마 2세가 베라크루스를 기습해 오히려 황제를 사로잡을 구실을 만들어주었고, 황제는 궁에 갇히고 포로신세로 변하게 된다. 그의 행동을 좋지 않게 본 쿠바총독 벨라스케스가 판필로 나르에바스에게 900명의 에스파냐인과 500명의 흑인노예들주어 코르테스를 토벌하라고 한다. 결국 수비대장 후안 데 에스칼란데가 전사하면서 그는 이 일이 보통 일이 아니라고 판단, 그는 그의 부관이자 친구였던 알바라도에게 100명의 군대를 남겨주고 테노치티틀란을 떠난다. 알바라도는 신중한 인물이 아닌 듯 했다. 그는 우이칠포츠리 봄 축제를 즐기는 아스텍 귀족들이 반란을 모의한다고 판단, 군대를

인해 호기심의 대상이었고 '검둥이' 하인이 있다는 것은 자랑거리이기도 했다는 것, 유럽이 아메리카 대륙에서 목화와 담배를 재배할 노동자가 필요해지면서 아프리카에 있었던 제한된 권리를 가진 가족의 일원으로서 노예가 아닌 이윤을 얻기 위해 붙잡아서 수송하고 팔 수 있는 '상품'으로 취급했다는 것, 이 매매사업에는 포르투갈, 스페인, 영국, 프랑스, 네덜란드, 스웨덴, 덴마크, 독일 국적의 함대들이 아프리카 서부 해안으로 모여 참여하기 시작했고 노예는 이름도 번호도 아닌 톤 단위로 거래되었

다는 것, 5000만 명이 노예로 끌려갔고 항해 도중 얼마나 많은 사람이 죽어서 바다에 던져졌는지는 셀 수가 없다는 것, 자본주의와 산업혁명을 통해 기계가 도입되면서 점차 노예 매매 사업이 큰 이익을 남기지 못하게 되었다는 것, 남아프리카를 사랑한 네덜란드인을 케이프타운에서 쫓아내고 새로운 식민 지배를 선언한 영국은 아프리카를 원료 공급지와 영국 상품의 시장으로 만들었다는 것, 이후 제국주의 경쟁이 불붙어 영국은 이집트를 삼키고 프랑스는 세네갈과 서부를, 독일은 지금의 나미비아와 탄자니아, 카메룬을 손에 넣으며 세계 언어의 뿌리인 아프리카 언어를 삭제했다는 것, 그리고 무지막지했던 벨기에가 콩고를 강압 통치하며 1000만 명의 사람을 폭행으로 사망하게 하여 결국 '질서'를 잡기 위해 1884년 베를린에서 모여 아프리카를 나누기 위해 아프리카 지도 위에 선을 그었다는 것, 수천 킬로미터 이상이나 직선으로 곧게 뻗은 국경선을……

'어떻게 이런 일이……'

이 부분을 읽으면서 자료를 찾고 또 찾아본다. 노예선에 그 많은 사람을 태운 방법이며 노예로 매매하기 위해 인간 사냥을 한 내용을 보다가 인터넷 창을 닫는다. 사람이 사람에게 할 수 없는 잔혹함이다.

책에서 루츠 판 다이크가 표현한 "수천만 명의 인간을 도둑질하는 일은 막을 수 있었던 것일까?"와 같은 비통함이 전해 온다.

'정의로운 역사는 없는 걸까? 권선징악은 동화 속에만 있는 것일까?'

직접 당한 억울한 역사인 듯 공감이 되어 여러 생각이 든다.

책에서 본 아프리카에서 역사는 권력의 이동으로 이루어진 시간의 합이다. 권력은 그 특성상 소수에게 집중되기 때문에 모두에게 선한 권력이란 존재하기 어렵다는 것을 전제하면 같은 역사 속의 모든 사람들이 한 방향을 가리키며 '이 길이 맞다'고 하는 아름다운 선택은 없을 것이다. 하지만 이 역사가 바람직한 방향으로 흘러간 것이 아니라면 무엇이 잘못된 것일까? 만약 다시 500년 전이 된다면 이와 같은 역사를 쓰지 않기 위해 무엇이 바뀌어야 할까? 한동안 생각에 잠긴다.

책은, 아프리카에서 사용되는 언어는 1000종이고 나라는 50개국이 넘는다고 말한다. 같은 나라 안에서도 다른 언어를 쓰는 부족이 많다는 것이다. 나라별로 평균 20개의 공인된 언어가 있는 것과 마찬가지다. 유럽 사람들이 오기 전에 이 대륙에는 1만 가지가 넘는 인종 그룹, 작은 국가, 왕국, 술탄 국가, 부족 등이 있었다고 하면서 유럽이 식민 지배를 통해 아프리카를 잔혹하게 통합했다고 말한다.

오랜 세월 동안 국가를 이루지 않고 작은 사회로 나뉘어 평화롭게 공존했던 아프리카의 1만 인종과 부족을 유럽이 인위적으로 통합하여 '국가'를 만든 것이다.

생각해보면 아프리카는 OO인, OO족이라고 부를 때는 이미지가 잘 떠오른다. 부족마다 고유의 언어와 종교, 생활 방식이 있어서 그들을 한데 묶는 이미지가 잘 드러나는 것이다. 반면 나라 이름을 말하면 정체성을 표현할 만한 어떤 이미지가 잘 떠오르지 않는다. 예를 들면 '트란스발'이라고 하면 떠오르는 이미지도 없고 어떤 나라인지도 잘 모른다. 하지만 '은데벨레족'이라고 하면 다르다. 은데벨레족은 멋진 색채의 기하학적인 문양을 가지고 있어 혹시 부족의 이름은 잘 몰랐더라도 그들의 전통 문양을 보면 금세 친근감을 느끼게 된다. 스마트폰을 꺼내어 은데벨레족이 사는 나라를 검색해보니, 예상대로다. 은데벨레족은 여러 나라에 나뉘어 살고 있다. 부족의 언어도 속한 나라의 언어와 섞여 다양하게 발전했다. 언어와 풍습이 같은 부족인데도 국적이 다르게 되고, 같은 나라 사람이지만 부족이 달라 언어가 다르다 보니 서로 말이 통하지 않는 국민이 태어난 것이다.

'이들에게 국가와 국적은 무슨 의미일까? 이들에게 과연 국가가 필요했을까?'

부족과 왕국의 형태로 모여 살던 아프리카 사람들에게 유럽이 만들어준 국가란 부족을 인위적으로 붙이고 땅을 잘라서 만든 콜라주 그룹이었고 그렇게 만들어진 국가는 국민을 보호하는 것이 아니라 통제와 처벌의 권력을 행사하는 물리적인 '힘'으로 다가왔을 것이다.

아프리카 땅에 '국가'를 만들어준 유럽은 정작 자치국가를 허용하지 않았다. 아프리카의 국가들에는 영토와 국민은 있었으나 주권은 없었다.

책은, 아프리카가 유럽으로부터 자유롭기로 스스로 결정했다고 말한다. 유럽의 식민 지배를 받는 동안 언어와 문화를 빼앗기고 유럽의 역사, 문학, 백화점 이름까지 암기하며 두 번의 세계대전 동안 유럽의 주인들을 위해 전쟁에서 목숨을 잃어야 했던 아프리카는 2차 세계대전 종말 후 한 번도 허락한 적이 없는 식민 지배로부터 해방과 독립을 선언했다고 한다.

아프리카는 이제 잃어버린 500년을 회복하는 중이라고 한다. 근대화 과정이 그러해왔듯 독재와 유혈사태가 끊이지 않지만, 유럽이 아프리카에 선물한 '국가'는 이제 아프리카의 60개국 국민들의 의식이 성장하면서 발전하고 있다는 것이다.

국가란 무엇일까? 국가가 무엇을 해야 할까? 책 이름을 잘못 소개받아 우연히 만나게 된 책을 통해 아프리카의 근대사까지 듣게 되고 평소 잘 생각하지 않던 국가의 의미를 생각하게 된다.

존 F. 케네디의 취임 연설문 '국가가 당신을 위해 무얼 할 수 있는지 묻지 말고 당신이 국가를 위해 무얼 할 수 있는지 생각하라'는 말을 외우며 자라고 '국가에 충성'을 주문처럼 새기던 우리들은, 국가가 어떠한 역할과 기능을 해야 하는지 국가를 향해 주장하고 요구하는 것이 어색하다.

국가가 왜 필요한지는 루소의 사회계약설을 배운 후로는 질문하지 않기로 한 것처럼 입을 닫았다. 하지만 역사가 나쁜 꿈을 꾸지 않도록, 생각을 멈추지 않아야 한다.

아프리카에 푹 빠진 며칠 동안 역사 속 세계가 넓어졌다. '세계'라고 하면 무조건반사처럼 아시아와 유럽과 북미를 떠올렸던 것이 이제는 아프리카가 또렷하게 새겨진 완전체의 세계지도가 떠오른다. 유럽의 세 배나 되는 땅에 유럽의 두 배가 되는 인구가 사는 아프리카 대륙이 얼마나 다채로운지 말이다.

아직도 해방 중인 아프리카를 응원한다. 멈출 수 없는 관심으로 자꾸 아프리카 소식을 찾아본다. 그리고 책에 인용되었던 도서를 주문했다. '인류의 요람에 새겨진 상처와 오욕의 아프리카 현대사, 《아프리카의 운명》.'

드디어 책이 도착했다!

산업자본주의의
거짓말

─────

이카루스
이야기

⟵ー◦ー◇ー◦ー⟶

"이번 달 책입니다."

몇 년 전 회사에서 직책자에게 매달 책을 선물해주었다. 비즈니스 시장이 급격하게 변화하니 그 속도에 발을 맞추고 그 변화를 주도할 리더십을 평소에 준비하라는 취지다. 다행히 반드시 읽고 리포트를 써 내야 하는 것은 아니었다. 이 책도 그때 받은 것 중 하나다.

책 선물을 받으면 생각 부자가 되는 느낌이다. 책의 내용이 머릿속에 복사되면서 뇌의 한쪽 구석에 자리 잡고 있을 기존의 지식과 경험을 깨우면서 통찰을 마구 제조해낼 것 같다. 사전을 머리에 베고 자면 단어가 저절로 외워질 것 같은 것처럼.

책 선물이 좋다고 해도 일에 치이다 보면 하루 이틀이 금세 가고 주말이 되어도 지친 몸은 책을 거부한다. 타이밍이 안 맞으면 그대로 책장에 꽂혀 몇 달 동안 틀어박혀 석고가 된다.

다음 책을 받을 때는 '지난번 것도 못 읽었는데……' 하는 부담과 '이 책도 재미있겠다!' 하는 호기심이 겹쳐지고, 그 다음 달에는 지지난달에 받은 책의 제목도 떠오르지 않게 된다. '읽어야 한다'는 부담이 느껴질까봐 책장에 눈길을 주지 않다가, 휴가 때가 되어서야 뇌를 비우고 밀린 책을 꺼낸다.

'재미있을까?'

타인이 사준 책은 타인이 추천한 책보다 당연히 승률이 낮다. 추천할 때는 성향이나 관심사를 고려해 '좋아할 만한' 책을 추천하는데, 선물하는 책은 '내가 읽어보니 이 책이 정말 괜찮아서' 읽어보라는 것이기 때문이다. 게다가 추천받으면 읽을 만한지 자기만의 방법으로 스캔하는 과정이 있기 때문에, 셀프 스캔 과정이 없는 '선물'보다는 출루율이 높은 것이다.

표지를 한참 본다. 나름 개발한 '속 모르는 책 간 보는 방법'이다. 뚫어져라 쳐다보면 책이, 저자가, 말하고 싶은 것을 상징적으로 담아놓은 단서가 하나둘 눈에 들어온다.

날개가 부서지는 그림, '지도 없이 새로운 길을 가라'는 문구, 이카루스 '속임수'라고 표현된 원제…….

'내가 아는 그 이카루스인가?'

책이 시작되기 전에 이카루스 신화의 내용을 확인하고 싶다. 이런 마음이 드는 것은 좋은 현상이다. 책이 말하는 것을 오롯이 이해할 수 있도록 미리 준비해두고 싶은 거다. 특히 선물로 받은 책은 알고 직접 고른 것이 아니라서 아직 거리감을 느끼기 때문에 가까워지기 위한 노력을 하는 것이 좋다.

인터넷으로 찾아보니 "이카로스 또는 이카루스는 그리스 신화에 등장하는 인물로 다이달로스의 아들이다. 아버지가 만든 날개를 달고 크레타 섬을 탈출할 때 떨어져 죽었다"라고 나온다.

'날개를 만든 건 아버지구나.'

아버지는 손재주가 좋아 못 만드는 것이 없다고 한 건, 미로에 갇혔을 때 탈출할 방법으로 날개를 만들면 되겠다는 아이디어를 낼 것이라는 복선이다.

아버지와 함께 이카루스가 갇혔던 크레타 섬의 미로도 아버지인 다이달로스가 만든 작품이다. 누구도 빠져나올 수 없도록 만든 것이 미로인데, 다이달로스는 미로에 갇혔으나 자기가 만들었기 때문에 빠져나올 방법을 생각해낼 수 있었던 것이다. 지금 보니 이런 것이 눈에 띈다.

책의 여백에, 따라 적는 정성을 들인다. 책과 조금 더 가까워진 느낌이다.

'들어가며'가 강렬하다. '산업사회가 우리를 어떻게 했다'고 말한다. 우리를 '줄 맞춰 지시대로' 움직이게 했고, 줄 밖으로 벗어나면 먹고살기 힘들어질 거라는 불안을 심어주었고, 말을 잘 들으면 보상을 주며 길들였고, '시키는 대로만 하면 부자가 되게 해주겠다고' 약속했다고 말한다. 산업사회는 우리를 울타리 안에 넣고 철저하게 사회화시키고 불안에 떨게 한다.

회의 때 풍속도를 예로 들어 설명한다. "누구 의견 있는 사람?" 하고 물었을 때 침묵이 흐른다며, 이것은 '오랫동안 줄에서 이탈해본 적 없는 복종의 습관'에서 오는 것이라고 말한다.

실제로 회의 마칠 때 "누구 의견 있는 사람?" 하고 물으면 조용하다. 손 드는 사람이 있으면 모두 놀란다. 가장 놀라는 사람은 '의견 있냐'고 질문한 사람이다. 의견 있느냐는 질문이 아니라 '회의 마칩시다' 의미로 말한 것인데, 생각지도 않게 누군가 손을 든 것이다.

'정말 의견이 있어?'

세스 고딘은 이 책이 '세뇌당하고 조용히 살라는 꼬임에 넘어갔던' 사람들을 위한 책이라고 한다.

복종하도록 세뇌당한 사람들, 모두가 같은 것을 꿈꾸고 같은 방식으로 살아가도록 학습된 사람들, 그 모습이 우리라는 말에 뒤통수가 얼얼하다.

본론의 첫 번째 소제목이 '이카루스 속임수'다. 아까 궁금했
던 것의 답을 들을 수 있을 거 같은 예감이 든다.

"그리스 사모스 섬 남쪽으로 이카리아 해가 펼쳐져 있다. 신
화에 따르면, 자만의 희생자 이카루스는 그곳에 빠져 죽었다고
한다"로 첫 문장이 시작된다.

'빠져 죽은 곳의 이름이 있
었어?'

지도를 찾아보니, 있다. 이
카리아 해도 있고, 그 옆에 이
카리아 섬도 보인다. 신화 속
인물의 이름을 딴 바다와 섬
이 있다는 것이 흥미롭다. 고
대 사람들은 정말로 이카루스
가 저 바다에 빠졌다고 생각했
을까 하는 생각이 드니 바다가
다르게 보인다. 이미지 검색

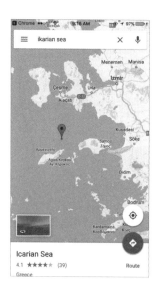

결과로 탭을 옮겨보니 푸르기가 이를 데 없는 바다 사진이 가득

하다. 바닷물이 투명해 배가 물에 떠 있는 것 같지 않고 공중에 떠 있는 듯한 사진에 감탄이 절로 나온다.

이카리아 섬 사람들은 장수하는 것으로 유명한지 검색 결과 중에 '이카리아 섬의 100세 비법'이 눈에 띈다. '늦잠 자고 늦게 일어나기', '참견쟁이로 살기', '밤낮없이 이웃과 어울리기', '먹거리 자급자족하고 돈 욕심 버리기' 같은 내용이다. 늦잠이 미덕이라는 말에 마음이 편안해진다. 사람들이 수집한 이야기를 보는 것도 재미지다.

다시 책을 본다. 드디어 나온다. 다이달로스에게 미노스 왕이 화났고, 아들과 함께 미로에 가뒀고, 깃털과 밀랍으로 만든 날개로 빠져나온다는 이야기…….

그런데 이 이야기에서 빠진 부분이 있다. 그것은 다이달로스가 이카루스에게 너무 높게는 물론, 너무 낮게도 날지 말라고 경고했다는 점이다. 수면에 너무 가까이 날다가는 날개가 젖어 물에 빠져 죽을 수 있으니까.

그러나 우리 사회는 이 신화에서 너무 낮게 날아서는 안 된다는 경고를 의도적으로 무시했다.

《이카루스 이야기》, 27쪽

아, 이것이었구나! '너무 낮게 날면 바다의 물기에 의해 날개가 무거워지니'가 그런 의미를 담고 있을 것이라고는 생각하지 못했다. 높이 날다 떨어져 죽었으니까 '높이 날아서'만 기억한 것은 아닐까 하는 생각도 든다.

그렇더라도 너무 낮게 날지 말라는 부분을 '사회'가 '의도적으로 무시했다'는 것은 꽤 놀랍다.

계속 읽어 내려가다가 "산업주의자들은 자만을 일곱 가지 죄악 중 하나로 꼽"았다는 것, "그보다 더 위험한 한 가지는 교묘하게 제거해버렸"고, 그것이 바로, "겸손"이라는 부분에서 다시 멈칫한다.

> 산업주의자들은 자만을 일곱 가지 죄악 중 하나로 꼽으면서, 그보다 더 위험한 한 가지는 교묘하게 제거해버렸다. 바로, 너무 적은 것에 만족하는 겸손이다.
>
> 《이카루스 이야기》, 27쪽

자만하는 모습을 보면 '죄악'이라고 말을 하지는 않지만 바람직하지 않다고 무의식중에 느꼈던 것 같다. 그것이 다 학습된 것이라고 하니 정신이 바짝 든다.

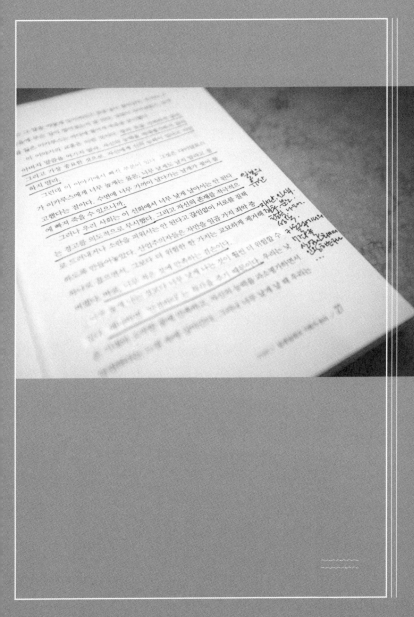

산업주의자들이 무엇을 일곱 가지 죄악이라고 정의했던 것일까? 인터넷을 찾아보니 '산업주의자가 말한 7가지 죄'가 정확하게 검색되지는 않는다. 검색 결과는 주로 성경에 나오는 7대 죄악이 나온다. 자만, 인색, 질투, 분노, 탐욕, 나태, 성욕. 가톨릭에서 이 7가지를 죄의 근원으로 정의하고 칠죄종이라고 한다고 씌어 있다.

'이걸 말한 걸까?'

영국에서 시작되고 미국에서 꽃을 피운 산업주의가 그들의 사상적 기반인 종교의 영향을 받은 것일까?

나태하지 말 것, 자만하지 말 것은 산업주의에도 매우 필요한 덕목이었을 거라는 짐작과 산업주의 7대 죄악에 영향을 주었을 것 같다. 충분히 가능성이 있는 해석이다.

어쨌든 자만은 바람직하지 않고 겸손은 필수 덕목으로 여겨지고 있다. 하지만 세스 고딘은 자만이 죄도 아닐 뿐더러 겸손은 오히려 위험하다고 말한다. '너무 높게 나는 것보다 너무 낮게 나는 것이 훨씬 더 위험할 수 있다'며.

'이런 해석이 있을 수 있겠구나!'

신화에서 너무 낮게 날지 말라고 말한 것은 이야기의 완성을 위해 배경 정도로 생각했는데 흥미로운 해석이다. '그렇다고 너무 낮게 나는 것이 훨씬 더 위험할 것까지야……' 하는 생각도 든다.

책은, 산업사회가 '선전'을 통해 사람들을 학습시켰다고 말한다. 모난 돌이 정 맞는다, 소란 피우지 마라, 힘들어도 참아라 등 선전을 받아들이도록 강요했다고 말한다. 선전은 자기를 버리고 다른 사람이 되도록 세뇌시키는 것이며, 영국이 인도를 1 대 100만의 열세에서도 순조롭게 지배한 방법도 바로 선전을 통해 인도 사람들에게 꿈을 꾸게 한 것이라며 산업사회는 선전을 통해 '권력에 무조건 복종하는 것이 인간의 본성'이라고 믿게 했다는 것이다. 섬찟하다.

산업사회가 사람도 표준화했다는 것이다. 실제로 사람들이 삶을 사는 방식이 표준화되었다. 모두 같은 길을 걷고, 하나같이 같은 꿈을 꾸고 있다. 길이 하나로 통일되니 먼저 가야 쟁취한다. 서로 빨리 가려고 촉각을 곤두세운다. 초등학생은 중학교 교과를 배우고, 중학생은 iBT를 본다. '정답이 있는' 교육을 받고, 더 많은 정답을 뇌에 카피한 학생이 기회를 얻는다.

문득 몇 해 전 아이한테 '선생님 말씀 잘 들어라', '부모님 말씀 잘 들어라' 하지 말라던 시아버지 말씀이 생각난다. 그건 선생님이 단체로 가르치기에 좋은 학생이 되라는 것이며, 부모가 신경 덜 쓰고 키우는 아이가 되기를 바라는 것이나 마찬가지라고.

책은 또, 산업사회에서는 대학들도 변하여, 대학의 역할이 '높은 사회적 지위를 꿈꾸는 엘리트 양성소'가 되었다며 '하버드와 옥스퍼드 설립자가 살아난다면 오늘날 산업화된 그들의 학교를 보고 여기가 어딘가 싶을 것'이라고 말한다. 원래 대학은 그렇지 않았다는 것이다.

원래 대학은 '교수와 학생들의 공동체'로 시작됐다. 대학은 하나의 안식처였고, 이론을 모색하고, 발견하고, 탐구하는 곳이었다. 그러나 오늘날 대학은 강의를 듣고, 학위를 따고, 좋은 직장을 얻기 위해 시간을 투자하는 곳이 되었다.

《이카루스 이야기》, 61쪽

'대학이 공동체였다고?'

최초의 대학이나 대학의 유래를 말하는 것 같지 않다. 대학이 교수와 학생들의 공동체로 시작된 이야기를 인터넷에서 찾아본다. 역시나, 지금과 비슷한 형태의 대학은 중세 즈음에 시작되었다고 한다. 중세에 길고 긴 십자군전쟁을 통해 유럽이 아랍문화를 접하게 되고 철학, 의학, 법학 등 아랍의 지식들이 유럽에 전해지면서 지적 탐구심이 높아져 학생과 교사들이 스스로 모여 가르치고 배우는 조합이 생겼다고 한다. 여러 조합들이 결합되면서 지금과 같은 대학(University)이 된 것이다.

유럽이 아랍에게 배웠다는 것이 흥미롭다. 지도에서 유럽과 아랍을 본다. 십자군전쟁은 공식적으로는 '예루살렘 탈환'을 목적으로 한 전쟁이다. 예루살렘이 있는 아랍 지역에 진입하여 뺏고 뺏기는 전쟁을 200년 가까이 치르면서 문화적 접촉이 생겼을 것이다. 나일강이 범람하는 시기를 연구하느라 천문학이 발달하고, 그것을 측량하느라 수학이 발달한 아랍을 보고 유럽은 경이로웠을 것 같다.

설명을 보다가 의외의 내용에서 호기심이 발동한다. 대학에 특권이 있었다는 부분이다. 세금 면제, 병역 면제, 그리고 학내 범죄에 대해 별도 재판권을 갖는 일종의 치외법권이 있었다고 한다.

'아하! 하이델베르크에서 봤던 그 감옥도?'

20대에 유럽으로 배낭여행 갔을 때의 일이 떠올랐다. 당시 흔한 여행 코스였던 하이델베르크에서 칸트의 철학자의 길이나 하이델베르크 성보다도 더 깊은 인상을 받았던 것은 하이델베르크대학의 학생 감옥이었다. '대학에 감옥이라니? 배우러 대학에 온 학생이 잘못을 하면 얼마나 한다고!'라고 생각했다.

중세 사회에서 대학의 위엄과 위치를 이제야 가늠할 수 있을 것 같다. 30년 만에 여행의 깨우침이 완성되는 묘한 기분이 든다. 면허증 발급하는 곳이 되어버린 지금의 대학을 생각하면 씁쓸하다.

책은, 산업사회가 그토록 만들어내고자 했던 우수한 품질의 제품이나 훌륭한 인재는 더 이상 희소한 가치가 없다고 말한다.

훌륭한 선택지가 많고 다양한 제품과 인재를 얼마든지 선택하고 고용할 수 있으며, 진정 희귀한 것은 연결과 신뢰, 놀라움이라고 말한다. 그러니 이제 지도 없이 길을 가고 스스로 길을 만들고 자신만의 아트를 하라고 말한다. 그러기 위해서 필요한 자세는 혼자서 조용히 앉아 있기, 이유 없이 새로운 것을 배우기, 자신이 만든 것을 과감하게 드러내기, 도전은 내 몫이 아니라고 핑계대지 말기, 다른 사람들의 평가에 신경 *끄기* 같은 것이라고 말한다.

그리고 얀트의 법칙과 같은 것은 '창조를 향한 소망의 싹을 짓밟는' 것이며 지금은 필요하지 않으니 잊으라고 말한다.

'남들보다 똑똑하다고 생각하지 말 것', '남들보다 더 중요하다고 생각하지 말 것', '뭔가를 잘한다고 생각하지 말 것'……

11개의 법칙을 보고 무척 놀랐다. 마지막 법칙은 오싹하다.

'다른 사람들이 자신에 대해 잘 모르고 있을 거라 생각하지 말 것.'

놀라서 정신없이 찾아본다. 일단 한글 위키에는 '얀트(Jante)

의 법칙' 혹은 '얀테(Jante)의 법칙'이 없다. 영어 위키를 찾아보니 나온다. 그 문구도 있다. "Perhaps you don't think we know a few things about you?"

시차보다 더 벌어져 있는 수많은 스칸디나비아 얀트들과의 생각 차이에 놀라서 입이 다물어지지 않는다. 이 페이지에서 일시 정지했다. 다른 사람들은 어떻게 생각할까 궁금했다. 카카오톡을 열어 여러 사람에게 생각을 묻는다. 20대부터 40대 지인까지 민폐를 끼친다.

"요새 같은 때엔 자존감을 올려주기 위해 꼭 필요한 것 아닌가요? 공감이 안 돼요."

"다른 사람이 나에게 관심을 가질 거라고 생각해야 나도 열린 귀를 가질 것 같은데요."

"아이한테 보여주지 말아요. 자존감 떨어지겠어요."

책이 말하는 것 외에 더 찾아보면서 호기심과 대화하는 것 속에서 책읽기는 재미가 곱절이 된다. 거기에 다른 사람의 의견을 들으니, 지식 반죽에 이스트를 넣어 더 큰 통찰로 발효되는 것 같은 재미가 있다.

책은 더 이상 산업자본주의의 거짓말에 속지 말고 진정한 현대인의 삶을 살라고 말한다.

신화는 신들의 이야기가 아니며 우리의 길이라는 것, 이카루스 신화에서 의도적으로 빠뜨렸던 부분 역시 우리가 살아가는 데 꼭 필요한 강력한 주문이었다는 것, 그것은 자신의 존재를 가벼이 여기지 말고 자기 앞에 놓인 기회를 소중하게 생각하라는 격려의 메시지였다는 것, 산업가들은 우리가 일단 무리 속으로 들어가면 고독을 잊을 수 있고, 꼬박꼬박 나오는 월급으로 불안을 떨쳐버릴 수 있다며 그 대가로 인간성을 포기하게 했는데 그것은 몹시 불공정한 거래라는 것, 산업자본주의의 권력자들은 때로 수치심을 무기로 인간성을 빼앗기도 한다는 것, 이를 테면 대중이 말을 잘 듣도록 만들기 위해 명령을 거부한 사람들에게 공개적인 망신과 불이익을 주고 불복종, 거만함이라는 죄목으로 공개적인 굴욕감을 안긴다는 것, 그리고 사람들의 말과 행동을 통제하기 위해 입을 다물도록 하는 방법으로 "감히 어떻게", "당신이 뭐라도 되는 줄 아나 본데"와 같은 말을 주로 사용하면서 수치심을 일으키는 전략을 적극적으로 활용한다는 것, 하지만 그런 것에 속지 말고 이제는 스스로 아티스트가 되라는 것, 자꾸 등뒤로 숨지 말고 배짱 있게 자신이 만든 것을 과감하게 드러낼 수 있는 아티스트, 그리고 자신을 싫어

하는 사람들의 말에 귀를 기울이느라 애초에 자신을 주목했던 이들의 이야기를 흘려듣게 되므로 청중의 규모를 넓히려는 욕심은 버리라는 것.

권력자들이 수치심을 활용해 불안을 심어주었다는 말에 놀라움을 금치 못한다. 권력자들은 피지배층에게 타인의 평가와 반응에 신경 쓰도록 주입시켰다는 것이다.

부정적인 평가로 마음이 상처를 받으면 뇌는 그 상처 외에 다른 것까지도 처리하기 어렵다. 그 모든 것을 처리하려면 그보다 훨씬 더 큰 긍정적 감정이 필요하다. 이 책의 답은, '별로 좋아하지 않도록 그냥 내버려두는 것'이라고 한다. 규칙을 따르도록 하기 위해 산업사회가 비난의 위험성을 과장하여 주입시킨 것이라며.

산업자본주의의 거짓말

비평가들이 '정말 재미없는 연극이다'라고 평가할 때, 그 정확한 의미는 '나는 재미가 없었지만, 당신은 좋아할 수도 있다'라는 것이다. '이 책은 안 팔릴 것이다'라는 말은 사실 '나와 취향이 비슷한 부류는 이 책을 사지 않을 것이다'라는 뜻이다.

－《이카루스 이야기》, 125쪽

타인의 반응에 의식하느라, 타인의 부러움을 살 만한 것을 찾아다니느라 자신의 소중한 인생을 걸고 있는 현대인들에게, 이제 그만 타인으로부터 자유로워지고 스스로의 삶을 설계하라고 말하는 것이다.

책을 덮다가 말고 다시 앞으로 천천히 넘겨본다. 산업자본주의가 사람들을 표준화라는 프레임 속에 가두고 그 틀을 벗어나기를 두려워하도록 만들었다는 충격적인 이야기에 빠져나오지 못하고 있다.

사람들은 서로 닮아가고 있다. 명품 브랜드를 사고, 유명한 대학과 기업을 목표로 하고, 면접시험을 위해 동일한 토론의견을 준비한다. 같은 옷을 입고, 같은 곳에 가고, 같은 말을 한다.

남들이 보는 영화를 보고 남들이 가는 카페에 간다. 너무 비슷해져서, 닮아간다는 말보다 복제되고 있다는 말이 더 어울린다. 자발적으로 같은 사람이 되고 그것을 안정이라고 느낀다.

사람들은 산업사회가 가르쳐준 것을 자기주도 학습한 것일까? 자신이 정말 그것을 좋아하는지 생각하기보다는 많은 사람들이 하는 걸 따라하는 선택을 하고 그것이 자신의 취향이라고 세팅해둔다. 여행지의 호텔은 많은 사람들이 가보고 훌륭하다고 평가한 별점 좋은 곳으로 정한다. 그것이 가장 안전한 방법이라고 확신한다. 책은 가급적 베스트셀러를 산다. 지금 자신은 'OO한 상황에 있고 OO한 고민을 가지고 있으므로' 그러한 자신에게 필요한 책은 어떤 것일지, 애써 찾으려고 노력하지 않는다.

정말로 모두 취미가 같고 취향이 같을까?

대중의 무리를 벗어나면 불안해하는 것은, 다르다는 것이 틀린 것이 아니라는 것을 깨우치는 데 오랜 시간이 걸린 것과 같은 맥락이다. 다른 의견을 말하면 틀렸다고 했다. 요즘은 다양성을 인정할 줄 아는 것은 세련된 지식인, 훌륭한 인재의 중요한 덕목이 되다 보니 대놓고 틀렸다고는 하지 않지만, 그렇다고 맞다고 환영하거나 좋은 학점을 주지도 않는다. 회의는 1:N의 발표이고 질문도 이견도 없다.

　사회가 다양성을 뾰족함이라며 다듬어내는 동안 우리는 기회를 휴지통에 버리고 있는지도 모른다.

병 주고 약 주는
돈의 힘

상처받지
않을 권리

화창한 토요일이다. 햇살이 좋아서인지 거리의 사람들도 표정이 밝아 보인다. 근처에 사는 지인을 만나 점심 식사를 하기로 했다. 외동이라 심심하다는 내 아이와 외동이라 늘 부모가 놀아주어야 한다는 지인의 아이를 함께 놀게 해주자는 취지로 잡은 약속이다. 내심 아이들끼리 놀면 엄마들에게는 휴식 시간이 생기지 않을까 기대하면서.

초등학교 고학년인 내 아이와 유치원생인 지인의 아이는 기어들어가는 목소리로 겨우 인사를 나누었다. 자기 아이는 성격이 좋아 누구와도 쉽게 친해진다고 생각하는 것은 다 부모의 착각이다. 두 아이가 친해져야 마음놓고 수다를 떨 수 있으니 어른들이 거들었다. 무슨 놀이 좋아하냐, TV 프로그램은 뭐 보냐 등 관심사를 탐색한다. 역시 게임에서 공통의 관심사를 찾아냈다. 둘은 표정이 밝아지고 목소리도 커졌다. 원래 둘만 대화하고 있었던 것처럼. 그 게임 속 캐릭터가 어쨌다는 둥 엄마들은 모르는 이야기다. 자연스럽게 아이들에게 대화의 바통을 넘겨준다. 드디어 짬이 난 지인과 나는 밀린 이야기를 나누며 그동안 있었던 일을 업데이트했다. 가족 생일에 갔던 식당 이야기, 아이 친구가 다니는 학원 이야기, 우리 아이도 공부를 시켜야겠다는 이야기를 나누며 한참이 지났다. 아이들을 보니 언제부터 대화가 없었는지 각자의 스마트폰에 빠져 있다. 스마트폰만한 놀이는 정말 없는가 보다. 다른 테이블도 온통 스마트폰 시청자다.

"우리 집에 가서 차 마실까?"

카페에 가면 스마트폰만 볼 것 같았는지 아이들이 놀기에는 집이 낫겠다며 지인이 말한다.

다른 집을 방문한 건 오랜만이다. 아파트의 1층에서 비밀번호를 누르니 굳게 닫혀 있던 현관문이 열린다. 요즘은 어느 빌딩이나 철통같은 보안이다. 그래도 좀처럼 익숙해지지는 않는다.

집에 들어오니 지인의 아이는 누나에게 장난감을 보여주겠다고 한다. 둘은 드디어 스마트폰을 벗어난다. 식탁 의자에 앉으니 거실 한쪽 벽면을 빼곡하게 채운 책꽂이가 눈에 띈다. 다른 집의 책장이 신기하다.

같은 취미를 가진 사람을 만난 듯한 반가운 마음이 든다.

"책이 많네."

"남편이 책을 많이 봐. 나는 아니고, 하하."

성격 좋기로 모두가 엄지손가락을 치켜들 지인은 책이 자신의 취미는 아니지만 괜찮다며 구경하란다.

생각해보니 다른 사람들의 책꽂이를 구경해본 적이 별로 없다. 최근에 재미있게 읽었다는 책을 소개해주면 그런 책도 있구나 알 수 있는 정도였던 것 같다.

다른 사람들은 어떤 책을 볼까? 어떻게 볼까? 책장 가까이가 본다. 내 책장에 있는 책도 있고, 낯선 책들도 있다. 이런 책도 있구나, 사람들은 이런 책을 보는구나 하며 책 구경을 한다. 그러던 중 제목 하나가 눈에 띈다. '상처받지 않을 권리'. 언젠가 들어본 것도 같고 낯설지 않은 제목이다. 상처받은 마음을 위로해주고 상처받지 않는 방법을 이야기해줄 것 같다.

"여기 있는 책 꺼내서 봐도 돼?"

"그러엄!"

책을 꺼내어 앞표지를 보니 처음 보는 책이다. 서점에서 스친 적이 있거나 그저 제목이 친숙하게 느껴졌던가 보다. 표지의 문구가 눈에 띈다.

'욕망에 흔들리는 삶을 위한 인문학적 보고서'라는 문구가 표지의 그림을 누군가 설명하고 있는 듯이 말풍선에 적혀 있다. 욕망에 흔들리는 삶이라……. 어떤 욕망에 관한 책일까? 아마도 표지의 그림에서 그 욕망하는 것들을 표현했는가 보다. 여인의 다리, 돈다발, 주사위, 바비인형과 파랑새, 그리고 그것들을 담은 액자 위로 누워 있는 남루한 옷차림의 남자. 분위기가 심상치 않다.

표지를 넘겨본다. 벌써 심오하다. 사람들은 무언가에 길들면 그것을 자신의 일부라고 느껴, 누군가 그것을 문제 삼으면 마치 모욕당한 듯 불편한 감정을 느끼게 된단다. 자본주의가 그렇단다.

병 주고 약 주는 돈의 힘

책 제목에서 전혀 연상하지 못한 '자본주의'라는 말이 다소 의아하다. 몇 줄 더 읽어 내려가 본다. 우리 삶이 자본주의 체제에 깊이 연루되어 있고 자본주의로 인해 상처받고 있는데 이를 자각하지 못하거나 자본주의가 우리 내면에 남긴 상처와 트라우마를 문제로 받아들이지 않는다는 것이다.

'자본주의가 무슨 상처를 주었기에?'

최근에 접하지 않았던 유형의 책이다. 평화로운 토요일 오후와 어울리지는 않는데 이상하게도 끌린다.

주방에선 물 끓는 소리가 들린다. 지인이 곧 차를 내어 올 것이고, 그만 책을 덮어야 한다고 생각은 하는데 눈이 책에서 떨어지지 않는다. 한 페이지만 더.

책은, 바다로 나간 오징어잡이배가 환하게 등불을 켜면 오징어들이 그 불빛에 이끌려온단다. 오징어 입장에서는 그 불빛을 따라가면 죽을 수도 있는데 치명적인 유혹을 뿌리치지 못한단다. 우리 주변에도 이와 같은 유혹의 불빛들이 많단다. 쇼윈도의 조명, 클럽 안의 몽환적인 불빛, 텔레비전 속 화려한 불빛들. 사람들은 그 불빛에 이끌려 욕망을 키우고, 욕망에 길들어 지갑을 열고, 지갑에 돈이 없으면 갖고 싶은 상품을 사기 위해 일을 해서 돈을 모은단다. 이러한 욕망은 자본주의가 사람들에게 심어준 것이란다. 사람들의 소비로 유지되는 자본주의는 사람들의 욕망을 부추기기 위해 불을 밝힌단다. 자본주의가 바로 욕망의 집어등(集魚燈)이란다. 물고기(魚)를 모으는(集) 등불(燈).

뭔가 아찔하다. '지금 속고 있는 거야, 잘 생각해봐'라고 속삭이는 듯이 서늘한 느낌이다.

"차 마시자." 지인이 차와 복숭아를 내왔다.

책을 내려놓아야 하는데 미련이 남는다. 몇 줄 읽으면 몇 줄 더 보고 싶고, 한 장 읽으면 다음 장이 궁금하다. 묘한 끌림이다. 안되겠다.

"혹시, 이 책 빌려가도 될까?"

"그러엄!" 호탕한 지인은 흔쾌히 그러란다.

다른 사람의 책은 밑줄을 긋거나 메모를 할 수도 없고 빨리 읽고 반납해야 할 것 같아서 빌려 보는 일이 드물다. 하지만 빌려서 끝까지 볼 생각이 아니었다. 하루 정도 보면 볼 만한 책인지, 계속 보고 싶은지 판단할 수 있을 거라고 생각했다. 흥미를 느끼면 사면 된다.

집에 오는 길에도 그 말이 계속 떠오른다. 욕망의 집어등. 가방에 넣어둔 책을 자꾸 만져본다.

집에 오자마자 책을 편다. 머리말은 다시 봐도 오싹하다. 욕망의 집어등에 걸려 허우적거리는 순간 우리의 주머니는 비고 다시 주머니가 찰 때까지 일을 하게 된다는 것이다. 수중에 돈이 모이면 다시 현란한 집어등의 달콤한 유혹에 이끌려 소비하고 다시 인내로 가득한 노동을 하고, 그러는 사이 우리는 부지불식간에 상처받고 서서히 병들어간단다.

몇 년 전 명품 가방을 들고 출근하던 직장 후배의 말이 떠오른다. "이 핸드백이 너무 갖고 싶어서 카드로 긁었어요. 카드 값 갚으려면 몇 달은 열심히 일해야 해요." 후배의 말에는 로고가 크게 박힌 명품 가방이 주는 기쁨이 제법 있었지만, 말하자면 대충 이런 이야기인가 보다.

강한 인상을 준 머리말을 넘겨본다. 차례도 만만치 않다. 각 장마다 낯선 이름들이 짝을 지어 소개된다. 이상하고 짐멜, 보들레르와 벤야민, 투르니에와 부르디외……. 이상과 보들레르는 들어본 적이 있고 나머지 이름들은 생소하다. 차례에 인물 사진도 있는 것을 보면 이 책에서 중요한 역할을 하는 사람들인가 보다. 페이지를 선뜻 넘기지 못한다.

'유명한 사람들인가?'

병 주고 약 주는 돈의 힘

책의 분위기로 봐서는 어려운 말을 할 게 뻔한데 사전 지식이 없어서 호기심을 지펴준 책을 곧 덮게 된다면 안타까울 것 같기도 하다. 저명한 인물들인데 내가 모르는 것일 수도 있다고 생각하니 이 기회에 알아볼까 싶다. 들고 있던 책을 내려놓고 스마트폰을 든다.

이상은 아는 사람이니, 짐멜이라는 사람을 찾아본다. 인터넷 검색창을 열어 '짐멜'을 입력한다.

검색 결과가 빠르게 나온다. 가장 먼저 '게오르크 지멜'의 위키백과가 나왔다. 백과의 인물 사진과 책의 차례에 있는 사진을 확인해보니 같은 사람이다. 궁금하다. 클릭해본다.

독일 출신의 사회학자란다. 위키의 내용에는 인물 설명은 짧고 저서가 많다. 이렇게 많은 연구를 하고 책을 쓰려면 꽤 많은 시간이 걸렸을 것 같다. 칸트와 괴테에 대한 연구를 많이 했는지 저서 중에 《칸트》, 《괴테》가 있다. 《돈의 철학》이나 《대도시와 정신적 삶》이라는 저서도 보인다. 아마도 이 책과 결이 유사해 보인다.

《돈의 철학》은 어떤 내용일까? 자극적인 제목에 이끌려 검색해본다. 검색 결과 목록만 보아도 책의 분위기를 알 것 같다. 웹문서를 몇 개 클릭해보니 이런 내용이란다. 자본주의에서는 세상의 주인공이 사람이 아니라 돈이며, 돈을 필요로 하도록 길러지고, 돈을 위해서는 영혼도 판다는. 하지만 사람들은 이러한 자본주의를 폐기하려고 하기보다는 돈의 노예를 자발적으로 자처하면서 더 부유해져 자본가가 되기를 원한다는.

아찔하다. 마음 어딘가를 콕 찔린 것처럼. 언젠가 기회가 된다면 이 책을 읽어보고 싶다. 더 알아보고 싶기도 한데, 알아볼 인물이 여럿 있으니 이 정도로 마무리한다.

차례 속 다른 인물들도 간만 보려는 생각으로 검색창에 이름을 하나둘 입력해본다. '벤야민', '보들레르', '투르니에'……. 이들에 대해 몇 가지 기본적인 정보를 파악했다. 이들은 문학가나 철학자, 사회학자라는 것, 보들레르의 유명한 〈악의 꽃〉이라는 시는 자본주의가 생산한 세상의 모든 고통을 담아놓은 사전과 같다는 것, 이 시는 외설성이 이슈가 되어 일부가 삭제된 채로 출간되었고 보들레르도 벌금형을 받았다는 것, 벤야민은 보들레르가 살던 시대의 파리를 자본주의의 원형이라고 생각해 돈만 있으면 무엇이든 살 수 있었던 파리의 아케이드에 관심이 많았다는 것, 투르니에는 소설 《로빈슨 크루소》를 패러디한 소설을 썼고 수차례 노벨문학상 후보에 올랐으나 결국 수상의 기회 없이 2016년에 세상을 떠났다는 것 등이다.

병 주고 약 주는 돈의 힘

대략 파악한 내용이 책에 나올 이야기와 연관이 있을지 모르겠지만, 새로운 지식을 마주하니 신선하다. 빌려온 책이라 메모는 못 하고, 이 책에 이런 새로운 지식이 잔뜩 들어 있을 것 같은 기대감이 든다.

다시 책으로 시선을 옮긴다. 여태 차례다. 겨우 머리말, 프롤로그, 차례를 읽은 것이다. 허허허. 뭘 읽었나 싶어 속 빈 웃음이 난다. 책 읽는 속도에 규정이 있는 것도 아닌데 너무 더디게 읽는 것은 아닌지 조바심이 나려고 한다.

하지만 한 줄 한 줄 읽어 내려가면서 견고한 성을 쌓아가는 느낌도 있다. 책에 쓰인 것만이 아니라 직접 찾아보면서 더 알아가는 재미가 있다. 그러니 괜찮다. 단 한 장이라도 내 것이 되게 읽으면 된다.

급해지려던 마음을 가다듬고 차분히 본론으로 들어간다. 책은 1920년대 대한제국 경성의 이야기로 시작한다. 당시의 경성 시민들이 나라 빼앗긴 설움에 우울한 나날을 보냈을 거라고 생각하면 오산이란다. 일본의 지배를 받던 경성은 미쓰코시 백화점 서울 지점이 생긴 지 이미 10년이 넘었고 백화점은 늘 붐볐으며 백화점의 옥상 정원에서 커피를 마시는 모습은 이미 흔한 풍경이었다고 말한다. 주머니 속 돈 덕에 어깨에 힘이 들어간 경성 시민이 백화점으로 향하는 모습은 이상의 소설 《날개》에서도 볼 수 있단다. 돈을 모르던 주인공이, 손님들이 아내에게 돈을 주는 심리와 아내가 자신에게 돈을 주는 심리를 알게 된 후 손에 쥔 돈에 기뻐하며 "다 떨어진 콜덴 양복을 걸치고 배

고픈 것도 주제 사나운 것도 다 잊어버리고 활갯짓을 하면서"
거리를 나섰던 대목도 그렇단다. 소설에서 만이 아니라 이상 스
스로도 화려하고 모던한 경성에 매료되어 다방, 레스토랑, 영화
관, 백화점에 적잖이 드나들었고 '제비'라는 카페를 직접 운영하
기도 했단다.

'이상이 카페를 했었다고?'
의외다. 몰랐던 이야기라 또 호기심이 고개를 내민다. 언젠
가 이상의 책을 사 둔 기억이 나 의자에서 일어나 책장을 기웃
거려 보니, 있다!

집에 하나쯤 있는 것이 좋겠다고 생각해서 산 것이라 아직 읽지 않아 깨끗하다. 카페 이야기가 있지 않을까 기대를 가지고 펼쳐보니 이상의 친구 김기림이 쓴 '서(序)-이상의 모습과 예술'에 나온다. 이상은 공사장에서 인부들이 이상, 하고 부르던 것을 존중하여 본명 김해경을 두고 이상이 되어줄 만큼 현실로부터 한 뼘 떨어져 초월한 듯 살았는데, 건축 기사를 그만두고 금홍이와 카페를 차린 후로 생활이 방탕하다며 세상 사람들에게서 눈총을 받았다고 한다.

김기림은 카페 차린 것을 무어라 하는 사람들이 오히려 카페를 좋아하고 드나드는 사람들이라며 어처구니없어 한다. 이상과 같은 천재가 정상적인 직업을 가지고 정상적인 생활을 하기에 경성의 현실은 너무 우스꽝스럽고 무의미하다며 이상의 편을 들어준다. 학창 시절 구인회의 명단 속 김기림이라는 이름이 아니라 친구 이상에 대한 끈끈한 애정을 가진 사람 김기림이 보인다. 이런 게 책의 맛이다.

새롭게 알게 되는 이야기들이 신기하고 흥미롭다. 이럴 땐 알게 된 내용을 책에 써 두기도 하고 재미있다고 낙서도 하면서 읽어야 맛인데, 다른 사람의 책이라 조심하면서 읽으니 손이 묶인 듯 답답하다. 까면 깔수록 흥미로운 이런 책은 꼼꼼히 음미하며 보고 싶은데 마냥 꼼꼼하고 더디게 읽을 수도 없어서 마음이 편치 않다.

시계를 보니 아직 서점 문을 닫지 않았을 시간이다.

"오래 볼 책일 것 같은데, 아예 책을 사올까?"

남편이 책 사러 같이 가자고 하는 말인 줄 딱 알아듣고 차키를 꺼내 든다.

하하! 드디어 내 책으로 읽게 되었다. 《날개》의 주인공은 미쓰코시 백화점에서 돈으로 무엇을 샀는지 모르겠지만, 나는 이 책을 샀다. 읽고, 찾아보고, 메모하고, 내 느낌도 끄적거리면서 읽어야지!

책을 볼 때 아까워서 조심해 본다는 말을 더러 듣는다. 난 생각이 좀 다르다. 책을 실컷 음미할 때 덜 아깝다. 책 표지를 넘겨 가운데 부분을 꾹 누른다. 편하게 보면서 책과 실컷 놀아 보겠다는 의미다.

이상이 카페를 운영했다는 부분에서 다시 시작한다.

책은, 이상만이 아니라 당시의 40만 경성 시민들이 일본 제국주의가 들여온 새로운 소비문화에 젖어들고 있었다고 말한다. 자본주의가 들어오기 전에는 생각지도 못했던 유흥과 환락에 대한 열망이 경성 시민들에게 각인되기 시작했단다. 이상만이 아니라 1937년에는 조선총독부 경무국장에게 보낸 '서울에 딴스홀을 허하라'라는 제목의 탄원서가 《삼천리》 잡지에 실리기도 했단다.

설마……, 보고도 믿기지 않는 말이다.

일본이 시민들을 환락의 도가니에 빠뜨리기 위해 댄스홀을 만들고 시민들이 이를 폐지하라고 탄원을 한 것이 아니고 제발 댄스홀을 허락해달라고 탄원을 했다고 하니 익숙하지 않은 전개다.

궁금해 얼른 스마트폰을 켠다. 무어라 검색해야 할지 몰라 '서울에 딴스홀을 허하라'라고 입력해보니, 웬일인가? 실제로 그런 일이 있었단다. 일본과 서양에는 있는 댄스홀이 조선에서 통제되는 것이 부당하다는 내용으로 배우, 기생 등 연예계 종사자들이 공개 탄원을 한 것이란다. 몇 년 전에는 이 사건을 배경으로 한 연극이 무대에 오른 적이 있고, 같은 제목의 책도 나와 있다.

이 책은 어떤 내용일까? 읽어보고 싶다. 다음에 읽고 싶은 책이 쌓여간다.

책은, 미쓰코시 백화점을 활보하고 카페에서 커피를 즐기고 딴스홀을 요구하는 경성 시민들이 열광한 것의 실체는 '모던'이라며, 이 '모던'이라는 말에는 자본주의가 숨겨둔 의도가 있다고 말한다.

'새로운'이라는 뜻의 이 말은 얼마 전까지 새롭던 것도 시간이 지나면 다른 새로운 것에 밀려 더 이상 새롭지 않도록 하는 힘이 있다는 것이다. 그래서 이전 것과 다른 새로움을 계속 갈구하게 했다는 것이다. 이상이 모던한 경성에 더 이상 만족하지 못하고 동경과 파리를 가보고 싶어 했던 것도 그런 이유라는 것이다. 사람들은 점차 새로움에 대한 강박을 느끼게 되었단다. 작년에 비싸게 주고 산 아우터가 올해는 이상하게도 촌스러워 보이는 것이 이런 이유일 것 같다.

책은 또, 돈에 대한 통찰을 쏟아낸다. 모던을 추구하느라 소비에 길든 사람들은 《날개》의 주인공처럼 돈의 맛을 알게 된다는 것, 짐멜이 말한 것처럼 돈이 개입되는 순간 사람은 '소비자'가 되고 필요한 모든 것은 '상품'이 되는데 이것이 자본주의의 꿍꿍이라는 것, 즉 필요한 것이 있으면 구매해야 하는 구조를

병 주고 약 주는 돈의 힘

만들었다는 것, TV나 잡지에서 광고하여 욕망하게 하는 소비의 정석을 주입시킨 것이라는 것, 소비자가 상품을 구매하기 위해서는 반드시 돈이 필요하게 되었고 돈을 벌기 위해 소비자는 낮에는 노동자가 되고 일을 마치면 소비자가 된다는 것, 사람들은 점차 더 많은 돈을 원하게 되었고 그렇게 자본주의가 만든 쳇바퀴에 자발적으로 올라타고 있다는 것, 돈의 지배를 받으면 사람들의 내면은 바뀐다는 것, 돈을 벌기 위해 사람들은 도시로 모여들었는데 동네 사람들이 서로 다 아는 시골과 다르게 도시에서는 서로 잘 몰라 이러한 익명의 관계로 형성된 도시에서 범죄와 추리소설이 발달했다는 것, 도시의 노동자와 달리 시골에서 농사짓는 사람들은 자신들이 노동을 한다고 생각하지 않고 단지 고생할 뿐이라고 생각했다는 것이다.

문득 왜 돈을 벌고 있는가를 생각한다. 왜 더 많은 돈을 벌고 싶은가를 생각하게 된다.

"우리는 왜 돈을 벌까?"

"글쎄……, 안정된 삶을 살기 위해서?"

"그러네……."

남편의 답에 괜히 씁쓸해진다.

무엇을 하든 돈이 필요하다. 먹기 위해서도, 쉬기 위해서도,

아이와 놀아주기 위해서도. 그런데도 돈이 없으면 안정된 삶을 살기 어렵다는 말은 마치 돈이 사람보다 중요하다는 느낌이 들어 불편하다.

머리말이 떠오른다. 익숙하던 것에 문제가 있다고 하면 불편해한다던. 이런 것인가 보다.

하지만 책은, 돈에 대해 다르게 생각해보라고 말한다. 투르니에가 쓴 《방드르디, 태평양의 끝》이라는 소설은 《로빈슨 크루소》를 패러디한 것인데 로빈슨 크루소가 섬에서 만난 방드르디의 관점에서 보면 로빈슨의 행동이 얼마나 우스운지를 표현하고 있단다. 로빈슨은 둘밖에 없는 그 섬에서 자신을 주인님 방드르디를 하인으로 명명하고, 섬의 법을 제정하고 일하는 날과 휴일을 정하여 방드르디가 일하면 월급을 주겠다고 했단다. 방드르디가 보기엔 무용한 것들이란다. 로빈슨이 살던 영국에서나 가치 있을 뿐. 노동이 의미 있으려면 그것이 미래를 위한 월급의 수단이라야 하는데 로빈슨과 방드르디가 표류한 섬은 월급을 받으면 안정적인 삶이 보장되는 런던이나 서울과는 다른 시간이 흐른다는 것이다. 현재 일하면 미래가 해피하다는, 즉 현재의 삶을 미래의 행복을 위한 수단으로 간주하게 되는 자본주의의 시간과는 다르다.

생각해보면 무인도에서는 돈이 쓸모가 없다. 하지만 대한민국에 살고 있는 우리에게는 중요하다. 방드르디에게는 월급으로 할 게 없겠지만 우린 아니다. 돈을 다르게 생각하기가 어렵다. 도루묵이다.

하지만 조금 냉정해지는 면도 있다. 제아무리 큰돈이라도 무인도에서는 별거 아니라고 생각하니 돈의 본질이 보인다. 돈만이 아니다. 무인도에서라면 명품 가방은 있으나 마나 할 것이다. 나뭇가지를 엮어 만든 소쿠리보다 귀한 대접을 받기는 어려울 것이다. '비싼 것'이라며 쩔쩔매던 것들의 본질은 만들어진 것이었다. 세상에.

책은, 가방이 있는데도 다른 가방을 또 사는 심리가 왜 생겼는지를 말해준다. 산업자본주의의 아킬레스건은 소비하지 않으면 굴러가지 않는 구조라는 것, 하여 산업자본은 사활을 걸고 인간의 허영심을 부추긴다는 것, 즉 광고를 뿌려 쓰던 것은 놔두고 새로운 것을 구매하도록 유혹하고 '유행'과 '트렌드'라는 것을 끊임없이 발표한다는 것, 17세기와 18세기의 산업자본은 영국에는 없는 것을 인도에서 가져온 공간의 차이를 가격으로 만들어 이윤을 획득한 것이지만 20세기의 산업자본은 기존 제품과 다른 '최신'이라는 시간의 차이로 이윤을 만들어내고 있다는 것, 이전 것을 하찮은 것으로 만들어버리는 신제품으로 끊임없이 변신을 시도한다는 것, 우리 집에 사용하지 않은 상품들로 가득 차 있다면 자본주의가 펼쳐놓은 소비사회라는 그물에 이미 포획되었다는 것이다. 아찔하다.

책은 또, 당연하다고 생각했던 것에 의구심을 가지라고 말한다. 사람들은 만나는 사람마다 사색의 시간을 망쳐놓는 시골보다 서로 무관심한 도시에서 더 자유롭다고 느낀다는 것, 데카르트가 인간을 합리적인 존재라고 주장해왔지만 이것은 그러면 좋겠다는 소망일 뿐 인간은 합리적이고 이성적이기는커녕 탐욕스럽고 허영에 가득 찬 존재라는 것, 그래서 '변덕스럽고 허영이 많다'는 말을 들으면 본심을 들킨 듯 얼굴이 붉어지고 불쾌해한다는 것, 패션은 상류사회가 스스로 하류사회와 구분하고자 하는 노력으로 더욱 발달했다는 것, 따라서 중간계급이 상류사회의 패션을 모방하면 이내 구분자의 힘을 상실하게 되므로 새로운 패션을 필요로 하는 사회적 동기가 번개탄이 되어주었다는 것, 취향이 같으면 동질감을 느껴 하나의 계급을 형성하는데 특히 문화적으로 상류사회에 속한다고 생각하는 사람들이 그러하여 클래식을 말하고 화가의 작품을 말하며 잘 통한다고 느낀다는 것, 하지만 미국 워싱턴 지하철역에서 조슈아 벨이 허름한 옷을 입고 45분간 연주했을 때 그 누구도 그가 천재 바이올리니스트 조슈아 벨이며 그의 바이올린이 지상 최고가의 스트라디바리였다는 것을 몰랐다는 것……

'조슈아 벨의 연주를 좋아한다'라고 말하는 것을 좋아한 것이다.

도톰한 책의 마지막 장을 읽고 나니 혼란스럽다. 사람들이 '나는 이런 스타일이 좋아'라는 것은 어쩌면 그런 스타일을 좋아하도록 만들어진 것일 수도 있다. 대기업에 취업하고 싶은 것은 대학생이 진정으로 바라는 것이 아닐 수도 있다. 사교육을 하지 않아도 대학 가기가 수월해지면 대치동 학원가가 들고일어날 것이다. 사람들이 인서울을 꿈꾸고 스카이에 들어가려고 할 때 돈이 들어오는 사교육 종사자들은 경쟁이 심화될수록 이윤이 크다. 경쟁을 하지 않으면 안 될 것처럼 종용하는 자본가에게 우리는 이미 꼭두각시다.

머리는 혼란스러워졌지만 생각을 하게 하는 이 책이 마음에 든다.

"그러면, 어떻게 살아야 한대?"

자본주의 체제에 속고 있었던 것이라고 말하니 남편이 책의 결론이 무엇이냐고 묻는다.

"생각해보라는 거지. 책이 무슨 답안지도 아니고."

주말 아침 서둘러 오픈 시간에 맞추어 서점에 갔다. 서점에 도착하자마자 미리 파악해둔 책의 위치에 따라 매장 안쪽으로 직진한다. 서고에 다소곳이 꽂혀 있는 책을 찾아냈다. 《서울에 딴스홀을 허하라》, 며칠 동안 탄원문의 내용이 궁금해서 혼났다.

차례를 훑어서 탄원문이 있는 페이지를 펼쳐본다. 세 페이지나 된다. 얼마나 기다렸던가!

조선권번 기생, 한성권번 기생, 종로권번 기생, 동양극장 여배우, 끽다점 〈비-너스〉 마담 등 탄원을 올린 사람들의 이름이 적혀 있다. 끽다점은 아마도 담배 피고 차 마시는 점포라는 말인가 보다.

읽다가 그만 웃음이 터져나온다.

경무국장에게, 일본도 영국도 댄스로 사교를 하는데 우리 국민들은 왜 사교댄스를 하면 안 되느냐, 댄서들이 청년들을 유혹하고 타락시킬까 우려되었다면 왜 거리에 술 먹고 주정 부리게 하는 카페는 허락했느냐, 댄스를 해서 타락하는 사람이 있다

면 그 사람은 댄스를 안 해도 타락했을 사람이다, 사교합네 하
고 명월관에 가면 하룻저녁 40원, 50원인데 댄스홀에서는 한
스텝에 5전, 10전이면 유쾌하게 놀 수 있다, 고관대작의 부인들
도 자신들의 남편이 요릿집에 출근하는 것보다 댄스홀에 가는
것을 원할 것이다, 부부 동반 사교댄스를 열면 부인들에게 얼
마나 칭송 받겠는가, 그러니 서울에 댄스홀을 허락하라, 서울에
두기가 어렵다면 한강 건너 저 영등포나 동대문 밖 청량리에라
도 두어라. 대충 이런 내용이다.

이런 원문을 보고 있으니 새롭게 알게 되는 것이 있어 재미
가 또 늘어난다. 무엇보다 탄원을 어떻게 썼을까 궁금했는데,

당신이 잘못 알고 있는 거다, 다들 하지 않냐, 서울에 안 되면 근교에라도, 이렇게 할 말 다하며 타협점도 제시했다는 것이 흥미롭다.

마지막 문장이 압권이다. 얼른 댄스홀을 허가하여, 마치 동경의 후로리다홀이나 일미홀에 가서 놀고 오는 것 같은 유쾌한 기분을 경성 시민들에게 맛보게 해달란다. 얼마나 멋진 표현인가!

휘리릭 넘겨보니, 이 책은 1920년대에서 1930년대 무렵에 신문과 잡지에 실린 글들이다.

책을 사서 나오니 아직 아침이다. 주말 동안 이 책에 푹 빠져보리라!

삶의 속도를
늦추는 시간

——

그때
장자를 만났다

←─○─◇─○─→

퇴근 시간이다. 겨울은 해가 일찍 떨어져 아무리 서둘러 퇴근해도 이미 까만 밤이다. 목도리로 목을 감싸다 못해 입과 코까지 감싼 채로 회전문을 나온다. 역시 예상했던 것처럼 빌딩을 나서자마자 겨울바람이 매섭게 불어와 위세를 보여준다. 여름에도 두꺼운 이불을 덮는 나에게 겨울을 나는 일은 몹시 힘겹다. 신이 난 겨울바람에 나는 또 항복이다. 어깨를 귀에 붙일 듯이 한껏 끌어당기고 얼굴은 목도리 속으로 더 파묻어 눈만 겨우 나와 있다. 그마저도 눈을 오롯이 뜨면 눈 속으로 바람이 들까 아주 가느다랗게 실눈을 뜬다. 실눈 사이로 보이는 세상. 눈물샘이 눈에 보습을 해준 덕에 길거리 풍경이 눈물 위에 얹혀 더 은은하게 보인다.

칼바람에 적응하고 나니 언제부터 흘러나왔는지 모를 캐럴이 들린다. 경쾌한 멜로디에 마음도 밝아지고 거리 풍경도 더 아름답게 느껴진다. 약속 장소에 늦지 않으려고 서두르는 사람들, 신호가 바뀌자 부웅, 하고 속도를 내는 차들, 앞차에게 좀 더 앞으로 붙으라는 뒤차의 빵빵 소리, 멀리 어둠이 내리는 하늘까지 캐럴이 묻어 음악 소리에 맞춰 합주를 하는 느낌이다. 길이 미끄러워 종종걸음을 하는 사람들의 풍경은 꽁꽁 언 길바닥을 조심하며 걷느라 더 카랑카랑해진 걸음이 마치 비발디의 〈사계〉 중 '겨울'의 한 장면 같다. 목도리를 매 더 커진 머리를 까딱거리며 박자를 탄다. 속으로 캐럴을 따라 부르다 보니 어느덧 지하철역이다.

12월의 풍경은 가만 들여다보면 무언가 메시지를 전하는 듯하다. 올 한 해 수고했다고, 여기까지 잘 왔다고. 특별히 누가 아니더라도, 길을 멈추어 보면 캐럴이, 종소리가, 소복이 내리는 눈이 그렇게 느껴진다.

한 해를 시작할 때 목표를 세우고 한참을 그 목표만을 보며 간다. 행여 목표를 놓치지 않도록 가끔 목표를 확인하며 열심히 달린다. 마치 옛날 뱃사람들이 별자리를 바라보며 길을 가던 것처럼. 그러다 폭풍을 만나고 파도를 만나면서 이 고난을 헤쳐 나가는 것이 목표가 되어버릴 때쯤 처음 목표가 희미해지기도 한다. 그리고 이맘때가 되면 생각난다. 마치 전날 꿈이 아침에는 생각나지 않다가 다시 잠들려고 누우면 생각나는 것처럼 말이다. 그땐 하루하루가 지난한 시간들이었는데 어느새 그날들은 손가락 사이로 모래알 빠져나가듯 사라지고 겨우 기억 몇 뭉치만 남는다. 빠져나간 것이 목표를 위해 달렸던 시간인지, 좀 더 잘 해보려고 하다가 소원해진 사람들인지 희미하다. 12월은 그런 달이다. 무엇을 위해 바둥거렸는지도 희미해지는 달. 하지만 바둥거리느라 숨이 찼던 기억은 가슴에 남아 있다. 마음이 괜히 허전하다. 스스로 이만하면 잘 살았다고 토닥토닥 해주고 싶다. 나 자신에게 선물을 해주고 싶다.

지하철을 타러 가다 말고 지하철역과 연결된 서점으로 경로를 바꾼다. 나를 위한 선물을 사러.

서점에 들어서자, 대낮을 방불케 하는 환한 불빛에 정신이 번쩍 든다. 서점의 문구 코너에서 신나는 캐럴이 들려와 사람들도 책도 덩달아 유쾌해 보인다. 입구 매대에서부터 연말에 어울리는 신간이 즐비하다. 내년 트렌드를 알려주는 책도 있고 미래의 변화에 대한 책도 보인다. '연말아, 너를 기다렸다!'는 듯한 책들이 여기저기서 손을 내민다. 흥미로워 보이지만 오늘은 아니다. 올 한 해를 정리할 수 있는 서랍 같은 책, 오늘은 그런 책을 만나고 싶다. 느린 걸음으로 오늘 인연이 될 책을 찾아본다. 그리고 어느 순간 걸음이 멎는다. 여러 신간들 사이에서 눈에 띄는 책을 발견했다.

《그때 장자를 만났다》. 제목에서 눈을 뗄 수 없다. 장자는, 잘 모른다. 주로 노자와 함께 등장하는 분이라는 것 외에 친근감을 느낄 만큼 잘 알지 못한다. 하지만 왠지 장자를 만나면 마음이 편안해지는 조언을 해줄 것 같다. 조심스레 책을 꺼내어 본다.

표지가, 작품이다! 먹으로 설렁설렁 쓴 듯한 제목에서 붓의 힘이 느껴진다. 먹 향기가 날 것 같다. 글씨라면 나도 좀 쓴다고 생각했는데 붓이 간 길마다 흉내 내기 어려운 자유로움이 느껴진다. 눈으로 필체를 따라 써본다. 글자 사이에 그림이 있었구나! 그림에선 누군가 배낚시를 하고 있다. 갓 쓴 걸 보니 낚시가 생업은 아닌 것 같고, 생각을 비우려 낚싯대를 든 나그네인가 보다. 글씨는 그림 같고 그림은 이야기 같다.

표지를 한참 음미하다 보니 아래에 적힌 문구가 눈에 들어온다. '저마다 사는 법이 다를 뿐, 틀린 인생은 없다!' 알 수 없이 뭉클하고 위안이 되는 말이다. 올 한 해 이루지 못한 목표들이

며 주저하다 놓쳐버린 기회들이며 모두 괜찮다고 말해주는 듯하다.

좋은 예감이다. 한 해의 끄트머리에서 만난 책을 펴본다.

'헛똑똑이 인생, 장자를 만나다'.

서문의 제목이 겸손하여 웃음이 난다. 그래도 고대의 성인인데, 헛똑똑이란다. 저자가 장자를 만나게 된 '그때' 이야기를 한다. 나만 옳다고 살았던 때가 있었단다. 하지만 '나만 옳다'는 생각은 일종의 폭력이란다. 자신이 선택한 길만 옳으면 다른 길을 선택한 사람은 틀린 게 되고 만단다. 절대 선을 추구하는 사람은 절대 악에 빠지게 되어 있단다.

허를 찔렀다. 저자의 성찰이 나를 향한 일침으로 들리는 것은 왜일까? 직장에선 나와 다른 방식으로 사고하고 일을 하는 사람들이 많다. 보고서 마감까지 한시가 급한데 토론하고 합의하기를 먼저 해야 하는 사람을 보며 답답해하던 것이 떠오른다. 얼마나 답답했는지 지금도 그 부글거림이 생생하다. 이 책을 읽으면 그런 부글거림쯤은 다스릴 수 있을 것 같은 느낌이다.

다시 아무 페이지나 펼쳐본다. 이 책은 어떤 페이지를 펼쳐도 좋다. 펼친 면에서는 장자가 아니라 아우렐리우스가 나온다. "어째서 사람들은 저마다 어느 누구보다 자신을 더 사랑하면서도 자신에 관해서는 남들의 판단보다 자신의 판단을 덜 평가하는지 의아하다"라고 했다는 말을 인용한 부분이다.

정말 그렇다. 왜 아우렐리우스가 나왔는지는 모르겠으나, 이 말은 참 공감이 된다. 눈떠서 잠들 때까지 남들이 어떻게 생각할까로부터 자유롭지 못하다. 이렇게 입으면 이상해 보이지 않을까, 이렇게 화장하면 강해 보이지 않을까, 이렇게 말하면 배려심 없어 보이지 않을까, 하루 종일 모든 행동에 자동반사적으로 남의 시선이 따라다닌다. 그래서 더 피곤하다. 아우렐리우스가 살던 때도 그랬나 보다.

페이지를 한 뭉치 넘겨본다. 이번에도 예상치 못한 인물이 등장한다. 이솝이다. 굽은 나무가 선산 지킨다는 말처럼 쓸모 없는 나무가 쓸모 있단다. 이솝이 그렇단다. 숱한 우화를 남긴 이솝은 노예였단다.

'이솝이 노예였다고? 그렇다면 글은 어떻게 썼을까? 그 많은 우화들을 어떻게 노예로 일을 하면서 썼다는 말인가?'

너무 궁금하다. 책을 뚫어져라 본다. 책에 눈을 붙일 기세 다. 노예 이야기를 계속 읽어본다.

당시 노예는 주특기를 하나씩 갖고 있었단다. 셈을 잘하는 노예는 회계사 겸 세무사가 되기도 하고, 공부를 잘해서 가정교 사를 하기도 하고, 악기를 연주하는 악사가 되기도 하고, 로마 시대에는 검투사가 되기도 했다. 현대식으로 말하자면 전문직 과 연예인에 해당하는 직종을 노예들이 담당했단다.

전문직 노예가 있었다니. 스마트폰에서 노예제도를 검색해 보았다. 어쩌면 노예에 대한 편견이 있었는지도 모른다는 생각 에, 더 알고 싶다는 호기심에 검색하는 손에 흥분이 가시지 않 는다. 노예 이야기가 너무 흥미로워서 장자는 잊었다.

노예제도가 체계적으로 정리된 위키백과와 나무위키를 클

릭해서 스크롤하며 훑어본다. 새로운 이야기들이 가득하다. 세네카와 같은 철학자가 노예를 '물건이 아닌 인간으로 대해야 한다'고 주장했다는 것을 보면 노예가 비싼 물건과 유사하게 인식되기도 했다는 것, 로마제국 초기에는 노예가 실제로 가축에 가까울 정도로 취급되었다는 것, 로마에서는 자식을 노예로 팔 수도 있었다는 것, 후에 2세기경에는 노예가 결혼도 할 수 있고 재산을 보유할 수 있을 정도의 권한을 갖게 되었는데 어느 정도 돈을 모으면 해방 노예가 되기도 했다는 것, 이러한 신분상승은 로마의 정복전쟁이 중단되면서 노예 수급이 끊겼기 때문이라는 것, 이집트에서 노예는 월급을 받는 임금노동자에 가까웠다는 것, 실제로 그리스인 노예 중에는 로마 귀족 자제들에게 아트를 가르치거나 건축이나 상업 분야에서 활약하는 경우도 많았다는 것 등, 다양하고 흥미롭다. 노예제도가 고대와 중세가 다르고, 동양과 서양이 많이 다른 것도 보인다.

그런데 이솝은 어떤 노예였을까? 혹시 이야기를 만드는 노예도 있었던 것일까? 귀족을 위해 재미있는 이야기를 끊임없이 만들어서 들려주는 그런 노예 말이다. 이솝이 어떻게 그 다양한 이야기를 만들어냈을지 궁금하다. 이솝의 직종이 궁금해 이번에는 검색창에 이솝을 두드려본다.

∨ 1.2. 시대에 따른 '노예' 개념 [편집]

∨ 1.2.1. 고대 [편집]

고대를 가리켜 노예 경제 혹은 노예제 사회라는 용어로 부르곤 하는데 여기에 대해서는 어느 정도 논쟁의 여지가 있다. 실제로 노예가 있으면 경제가 취청가능했던 스파르타, 노예제 덕분에 대농장 경영이 가능했던 로마 제국 등도 있었던 반면 농작의 대명사로 여겨졌던 이집트에서는 의외로 임금 노동자로 대우했다거나[6] 고대 중국의 한족 국가에서는 한족 노예가 없었다는 점[7] 등등...

하지만 고대의 율법에서 노예에게 상해를 입힌 측가 상대의 물건을 손상시킨 죄와 동급이었으면 보면 인간으로서 대했다기보다는 좀 덜 비싼 물건으로 대했다고 보는 것이 정확 적당할 것이다. 또한 이집트에서 노예와 관련된 많은 벽화는 대부분 무덤에 비밀히 하게 하기 위해 노동을 촉원의 것으로 추정되는 문구가 보이기도 하는 것으로 보아 이국 혹인 노예의 수준은 아니지만 아들도 어떤 형태의 결여가 있었던 것으로 추정된다.

그런데 가장 큰 문제는 고대 노예제 사회라고 할 때는 노예 노동이 경제적 기반을 이루고 있다는 의미라는 것이다. 노예가 존재하느냐 아니냐가 아니다. 이는 대척점에 있는 원시 공산사회, 중세 봉건제, 근대 자본주의와 비교해도 명백한 것이고. 이런 한에서 보면 고대를 불문하고 노예제 사회라고 할 수 있는 범위는 극히 한정되어 되다는 문제가 있다. 마르크스의 역사 발전 단계론이 공산주의의 귀결을 미리 전제함는 동시에 비판 받은 부분이 이런 점이었다. 원시공산사회-고대 노예제-중세 봉건제-근대자본주의를 따라간 것은 전 세계의 역사를 기준으로 보자면 인류의 보편성이라기보다는 유럽의 특수성에 가깝기 때문이다. 때문에 아시아적 생산양식 논쟁을 포함하여 이에 대한 수많은 논쟁과 비판도 존재한다. 하지만 여전히 쓰이고 있는 것은 인류 역사의 보편성 설명+현재의 자본주의 사회+대체 논리의 공감대 형성 부족 등등.

노예의 대명사로 꼽히는 로마 제국의 노예를 살펴보면 공화정~제국 초기 시기가 노예들의 싶은 대체로 비참했다. 1세기 초기까지만 해도 로마인들의 인식은 같은 인간이라기 보단 '가축'에

이는 로마가 강력한 가부장제 사회였던 데서 기인한다. 심지어 자식을 노예로 팔 수 있었다. 로마의 십이표법에는 '아버지가 자식을 3번 노예로 팔면 자식은 아버지의 지배권에서 해방된다.'는 조항이 있다. 바뀌말하면 3번째이나 노예로 팔 수 있다는 거다. (...) 다만 시대가 흐름에 따라 노예의 처우는 조금씩 좋아지는 데다가 AD 2세기에 쓰인 가이우스 법학제요를 보면 노예에 대한 주인의 과도한 폭력은 금지되고 교 안일 폭력에 그 정도가 심할 때에는 국가가 강제로 노예를 매각할 수 있게 하였다. 또한 이전까지 금지됐던 노예의 결혼과 재산보유가 합법적으로 안정되는 등 전반적으로 노예의 최위가 상승하기도 하였다.

이런 신분상승은 로마의 정복전쟁이 종료되면서 정복지에서의 노예 수급이 함께 끊어드네서 기인했다. 즉 이전 같으면 팔 던는 노예는 족쇄버리고, 다시 들여온 노예로 매꾸면 그만이었지만, 이제 한정된 수의 노예를 최대한 효율적으로 굴려야하다보니 자연스럽게 근로 동기를 부여해 여러 당근이 필요해진 것이었다.[9] 그럼에도 불구하고 갑자 노예수급의 증단에서 오는 자동화가 인류에 감소는 해소를 돌리가 없어, 결국 경제력으로 불리한 자유민이 사실상 노예의 자리를 대체하는 농노가 탄생하기에 이르렀다.

또한 제국 후기에 그리스교의 만민평등 사상에 따라 노예들의 살이 전반적으로 개선되다. 실제로 유스티니아누스의 로마법대전의 노예 관련법 개정에서 이런 이유로든 주인의 노예를 죽이거나 신체 일부를 절단하는 따위의 행위를 하지 못하게 했다.

고대가 끝난 중세 유럽에도 노예는 존재했다. 11세기와 12세기에 에스파냐는 서유럽에서 가장 큰 노예무역 시장이었고, 1128년에는 이로 브르네삭나에서 온 상인들이 제노바 시장에서 이슬람 노예를 팔고 있었다. 1348년 흑사병이 돈 이후 노동력이 부족해지자, 갑자기 가벼 노예 수요가 늘어나기도 했다. 피렌체에서 1336년에 공포된 시 법령은 노예들이 이교도, 즉 기독교도가 아니라는 조건으로 노예 수입을 공식 허가했고, 곧 제노바와 베네치아의 거의 모든 부유한 가정이 노예를 두게 되었다.

유럽의 지중해 노예무역은 대규모라기보다 다른 상품에 노예를 덤으로 끼워 운송하는 형태였다. 1396년 5월 21일 로마니아 지방에서 제노바로 들어온 한 선박의 화물목록에는 순례자용 의복 상자 191개와 함께 80명의 노예가 기록되어 있다. 사라셰...

∨ 1.4. 종류 [편집]

사실 고대 로마에서도 노예는 그냥 인신의 자유가 없는 사람일 뿐 없을 뿐이고 천부가 하급 육체 노동자는 아니었다. 고도의 기술을 가진 학자와 기술자 집단인 경우도 드물지 않았다. 물론 그런 노예는 주로 그리스인이었다. 로마 귀족 자제에게 기초 교양인 리버럴 아츠를 가르치는 것은 거의 그리스인 가정교사였으며 강사였으며 귀족의 대리로 상업활동을 하거나 노예, 건축, 미술 분야에서 전문인으로 활동하였다. 심지어 주인에게 명을 받아 배를 지휘하는 노예 선장이나 자유민 선원을 부리는 경우도 있었다. 고대 그리스 시대, 로마 시대의 노예는 사유재산과 가족을 가질 권리가 있었으며[41] 일정액 이상의 재산을 모으고 주인에게 돈을 지급한 경우 해방되는 제도가 있었다. 이를 해방 노예라고 불렀으며 이들은 로마의 기능, 경제인으로 활약했다.

성노예도 존재했다. 제국주의 시대 일본군에서 운영한 일본군 위안부는 유네스코 세계 기억유산 등재도 아닌 20세기 국가차원 성노예 제도를 운영했다는 점에서 매우 큰 충격을 준 바 있다. 군 자체도 전선에다 공창을 운영한 것인데 여안들에게 사기를 치거나[42] 세뇌 납치하다시피 해서 여기 투입한다는 점은 고려시대의 이른바 한국 시장가의 '인신매매 폐단'과 흡사하다고 볼 수 있는데 그것을 정부 주도로 했었다.

∨ 1.5. 효율 문제 [편집]

노예 제도가 산업 혁명 이후 산업 혁명에 성공한 사회에서도 존재하지 않었지만 그 사회의 사회정제적 기반이 되지 못하였던는 노예제의 근본적인 문제인 비효율성 때문이다. 일단 노예라는 자체로 노동의 효율성이 극강히여 가축이라는 경우에도 생존과 노동력의 보존의 비용이 주인에 부과되는데 그 특성을 맞추기 상당히 어렵다. 더구나 대다수 노예들에게 공통적인 목표가 생긴다면 집단 반발의 가능성까지 존재하기 때문에 이에 대한 추가적인 관리 비용까지 요구된다. 노예 경제를 기반으로 둔 고대 사회에서도 이 비용을 상정하였으로 여준 메카 스파르타라든가. 게다가 아테네 등 그리스 폴리스들은 노예제와 자유를 사가 천장에서 쌓을 해방 행빛[43] 수 있는 권리는 주인에게 스파르타는 그것도 없었다.

여기까지 오면 이왕 유지할 필요의 의문이 생기는 것이

검색 결과 이솝에 대한 설명만큼이나 《이솝 우화》에 대한 페이지도 많다. 문득 《이솝 우화》가 몇 편이나 될까 궁금해 클릭해보니 숱한 《이솝 우화》가 소개되어 있고, 각 제목 앞에는 'Perry'라는 찾아보기가 붙어 있다. 〈금도끼 은도끼〉는 Perry 173번, 〈양치기 소년〉은 Perry 210번, 〈고양이 목에 방울 달기〉는 Perry 613번이란다. 몇 편이라고 나와 있지 않지만 찾아보기가 613번인 걸 보면 그 이상은 되는가 보다.

《이솝 우화》와 이솝을 찾아보다가 여러 흥미로운 사실을 알게 되었다. '페리 인덱스'는 《이솝 우화》에 붙여진 번호인데, 페리와 로드리게스 아다르도스가 그리스 우화와 라틴 우화를 분리한 후 저작 시기에 따라 정렬했고, 그 후 알파벳순으로 정렬했다는 것, 우리나라에도 1908년에 '우순 소리'라는 제목으로 70편이 번역되어 소개되었는데 1년 만에 '치안과 풍속을 해친다'는 이유로 금서로 지정되었다는 것, 실은 이솝은 기원전 6세기 사람인데 그 이름인 아이소포스(Aesop)가 고대 그리스어로 '에티오피아인'이라는 뜻인 걸 보면 그는 아프리카 출신이라고 추측된다는 것, 특정 전문직종의 노예로 볼 만한 기록은 없다는 것, 후에 언변이 뛰어났다는 그가 민중선동가의 공중 변호를 맡았다는 것을 보면 해방 노예가 된 것으로 보인다는 것, 그가 죽은 후 천년 후에나 첫 기록물이 존재하기 때문에 모든 작품이 그가 지은 것이라고 단정하기 어렵다는 것……．

　이렇게 오래된 작가였구나. 그러니까 헤로도토스(기원전 484년경~기원전 425년경)보다 더 형님이거나 할아버지라는 것이 놀랍다. 그런데도 헤로도토스보다 이솝이 훨씬 가볍게 처우 받는 느낌은 왜일까?

문득 엄지손가락과 집게손가락 사이 물갈퀴 부분이 아픈 것을 깨달았다. 책을 쥔 손에 오래 힘을 주고 있어서였다. 얼마 동안 이러고 있었던 것일까? 한 손에는 책을 들고 한 손에는 휴대폰을 들고 꽤 오랫동안 고대의 이야기에 빠져 있었다. 몰입의 즐거움이 이런 것일까? 아픈데도 즐겁다.

'이 책, 대체 뭐지?'

장자를 생각했다가 예상치 않은 노예 이야기와 이솝, 탈레스, 세네카, 에픽테토스 이야기로 호기심을 한껏 불러일으켜 도저히 손에서 놓을 수 없게 되었다. 그래서 올 한 해 수고한 나를 위한 선물로 다른 책은 어떤지 살펴볼 수도 없게 되었다. 좋다! 이 책으로 정했다. 책에 대한 기대감과 서점의 온기를 가지고 나오니 밖은 아까보다 덜 춥다.

말린 연근을 푹 고아낸 따끈한 연근차를 식탁에 가져다 놓고 새로 산 책을 편다. 표지를 다시 보아도 평온하다. 거리의 캐럴과 서점의 화려한 불빛은 없지만 포근한 집안 공기와 방금 식사를 마친 찌개 냄새마저도 평온하다. 겨울의 행복은 온기다.

"어디, 장자를 시작해볼까······."

"이번엔 장자야?"

"응."

"지난번에 산 묵자는 어쩌고?"

"그건······, 그냥 사둔 거야. 하나쯤 있어야 할 것 같아서."

이런 식이다. 집에 쌓아두고 읽지 않은 책도 많다. 하지만 가지고 있는 책을 먼저 읽으라는 법은 없다. 그 책이 궁금하고, 그 책이 눈에 들어올 때가 있다. 그때 보면 된다. 지금은 올 한 해를 열심히 산 나에게 연말에 들려주고 싶은 책을 읽고 싶다. 바로《그때 장자를 만났다》다.

표지를 넘겨보니, 친절하게도 일러두기가 있다.

'장자'는 유명해도 《장자》의 내용은 유명하지 않은 것이 분명하다. 내가 궁금해할 만한 것들을 미리 알려주고 있다. 친절해서 더 호감이 간다.

《장자》는 6만 5000자로 이뤄진 작품으로 《논어》의 4배, 《손자병법》의 10배에 해당하는 방대한 양이라는 것, 그리고 크게 〈내편〉, 〈외편〉, 〈잡편〉으로 구성되어 있다는 것, 〈내편〉은 일곱 편으로 구성되어 있는데 붕새 이야기가 유명하다는 것, 《장자》에서 가장 중요한 것은 제물론인데 이것도 〈내편〉에 있다는 것, 이 책에서는 《장자》의 설명 도구로 그리스 로마 고전들을 주로 활용했다는 것, 특히 스토아학파 같은 로마 철학은 《장자》와 무척 유사한 면이 많다는 것 등이다.

책은, 장자의 이야기를 다채롭게 들려준다.

학은 다리가 긴 이유가 있고 오리는 다리가 짧은 이유가 있는데 어설프게 상대를 위한다고 똑같은 다리를 만들려 하면 안 된다는 것, 천리마는 하루에 천 리를 달릴 수 있지만 쥐를 잡지는 못한다는 것, 자신의 생각을 강요하는 것은 폭력이라는 것, 무위(無爲)는 아무것도 하지 않는 것이 아니라 '억지로 하지 않는다'는 뜻이라는 것, 귀한 바닷새가 죽은 이유는 임금이 너무도 귀하게 여긴 나머지 풍악을 울리고 좋은 음식을 주며 새의 방법이 아닌 사람의 방식으로 대해서라는 것, 저 임금처럼 자기만족의 수단으로 소중한 사람을 대하고 있는 것은 아닌지 뒤돌아보라는 것, 《장자》의 핵심 개념인 인시(因是)는 있는 그대로를 인정하는 것으로 주변을 인정함으로써 그것을 활용할 수 있게 되는 것을 말한다는 것, 즉 '이 참에 잘 됐다. 바빠서 못했는데 명상의 시간을 가져보자'라고 생각하게 된다는 것, 주어진 상황을 극복할 수 있는지 판단하는 힘이 '사려'고 극복할 수 없는 상황도 견디는 힘이 '용기'라는 것, 아우렐리우스가 말한 것을 인용하면 우리를 괴롭히는 것은 사람들의 행동이 아니라 그들의 행동에 대한 우리의 의견이라는 것, 그들의 행동이 끔찍하다는 판단을 버리기만 해도 분노는 가라앉는다는 것, 욕심이란 지평선과 같아서 차를 타고 가면 금방 갈 것 같지만 가도 가도 도착할 수 없다는 것, 여전히 손에 닿을 듯 눈앞에 보일 뿐 하늘이 땅으로 무너지기 전에는 절대로 갈 수 없다는 것, 교회 개혁자인 성 요한이 이를 두고 '모든 것을 얻기에 이르려면 아무것도 얻으려 하지 마라'라고 했다는 것······.

놀랍다, 아우렐리우스의 말. 불교에서도 그렇게 해석한다고 들었다. 화는 누군가 자기에게 준 것이 아니고 그것에 대해 자기가 만들어낸 상(像)이라고 한단다. 서양에서도 마찬가지로 해석했다는 것이 흥미롭다.

책은, 장자 이야기 조금에 그리스 로마 이야기를 양념으로 넣어 정말 잘 버무린 요리 같다. 맛도 풍부하고 향기도 좋은 요리다. 동서양이 다르다는 관점은 많으나 동서양이 비슷한 사고를 했다는 이야기는 별로 없다. 무엇과 무엇이 비슷하다는 이야기는 자극적이지 않고 오히려 다르다는 관점은 대립구도를 이루어 긴장되고 흥미진진하다. 이 책과 같이 노자가 말했을 법한 이야기를 16세기 교회 개혁가 성 요한이 했다거나 장자가 말했을 법한 이야기를 에픽테토스가 했다든지 하는 이야기를 들려주는 책은 드물다.

봄이 왔다. 아이와 아이의 친구는 주말에 게임을 하러 간다고 신이 났다. 게임은 핑계고 근처 미술관에 갈 요량이다. 전통 미술이 전시된 미술관에 가자고 하면 안 가겠다고 할 것이 뻔해 미술관과 정원에 숨어 있는 꽃과 작품을 찾으면 선물을 주는 게임을 하겠다고 한 것이다. 어찌 되었건 운전하는 남편부터 아이들까지 모두가 신이 나서 출발했다.

미술관 입구에서부터 꽃과 작품을 찾느라 몰입했다. 벌써부터 남편과 나는 일이 없다. 조용하고 바람이 산들거리는 것만

느껴질 뿐이다. 어떤 그림보다도 화려하지만 어떤 그림보다도 편안한 풍경이다. 어디선가 날아온 나비가 내 앞의 키 낮은 꽃잎 위에 사뿐 내려앉는다. 불현듯 지난 연말에 읽었던 《장자》가 생각난다. 장자는 꿈에 나비를 보았다고 했다. 그 꿈에서 깬 후 장자는 자신이 나비꿈을 꾼 것인지 그 나비가 현실의 꿈을 꾸는 것인지 모르겠다고 했다. 이 호접몽은 무슨 의미일까 그때도 한참 생각했었다. 끝내 그 의미를 잘 모르고 책을 덮었었다.

그런 장면이 지금 내 앞에서 펼쳐진다. 꽃잎에 앉았던 나비는 이내 다른 꽃잎으로 옮겨간다. 사진을 찍으려고 하면 어느새 또 다른 꽃잎으로 나들이를 가 있다. 그런 나비가 참으로 평화로워 보인다.

아직 장자의 나비꿈을 이해하지 못한, 이 나비를 보다가 장자가 되어 보고 싶어진다.

"나의 소풍에 네가 나들이를 온 것인가? 너의 삶에 내가 나들이를 온 것인가?"

알고도
선택한 미래

———

당신 인생의
이야기

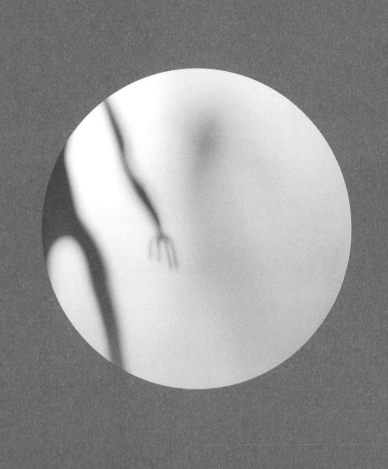

직장 생활을 하는 중에 취미가 같은 사람을 만나면 참 반갑다. '해야 할 일'로 가득한 하루하루 잠시라도 '좋아하는 것'에 대해 이야기를 나누다 보면, 떨어진 에너지도 주워 담을 수 있을 것 같은 힘이 생긴다.

내게도 그런 동료가 있다. 나는 그를 '책 스승'이라고 부른다. 책을 편식하는 나에게 다양한 책을 소개해 넓은 독서의 길로 이끌어준다고 그에게 붙여준 별명이다. 직접 불러보지는 않아 정작 본인은 그 별명을 모른다. 책 스승과는 가끔 식사나 차를 함께하면서 최근에 읽은 책 이야기를 나눈다.

"혹시 《당신 인생의 이야기》라는 책 읽어보셨어요?"
"아뇨. 어떤 책이에요?"
"과학자가 쓴 소설이에요."

이번에는 소설을 소개한다. 이 소설이 영화로도 나왔는데 소설을 먼저 읽어보기를 권한다며, 분명 내가 마음에 들어 할 거라고 한다. 미리 이야기를 하면 재미없을 수 있으니 직접 읽어보란다.

호기심이 생겨야 책을 드는 나에게 소설은 읽어야 할 이유를 제목만 봐서는 찾기가 어렵다. 무엇에 대한 이야기를 할지 가늠하기가 어려워 도통 호기심이 발동되지 않는다. 소설이 유독 서점에서 우연히 보고 사는 일이 드문 이유다.

이 소설도 단번에 흥미가 느껴지지는 않았지만, 그 소설의 어떤 면을 내가 좋아할 것 같았는지 궁금했다. 나를 잘 안다고 느끼던 사람이 소개팅을 시켜주는 책은 어떤 내용일까 하는 기대감에 기분 좋은 호르몬이 분사되는 듯하다. 책을 추천해주어 감사하다는 인사와 함께 참으로 다양한 책을 보는 것 같다고 덧붙이니 "저는 그저 책이나 읽을 줄 아는 놈(看書癡)이라 가리지 않는다"고 말한다. 겸손하기까지 하다.

며칠 전 서점에 갔다가 사온 책을 저녁 식사 후 식탁 위에 꺼내 놓는다.

"테드 창."

책 스승이 말한 그 과학자인가 보다. 이 과학자는 어떻게 소설을 쓰게 되었을까? 이 소설은 어떤 이야기일까? 표지와 제목만으로는 좀처럼 예상하기가 어렵다. 표지를 넘겨본다.

표지를 넘기다 말고, 표지 안쪽으로 접혀 있던 책날개를 편다. 선입견이 생길까봐 책을 읽기 전에는 가급적 서평이나 저자소개 같은 책에 대한 정보를 보지 않는데, 소설의 경우 보는 편이 낫다. 아무런 정보가 없으면 관심조차 갖기가 어려운데 책날개의 이야기를 보면 어떤 기대감을 가져도 좋은지 단서를 얻을 수 있다.

책날개에는 테드 창이 과학소설을 여러 편 썼는데 대부분의 소설이 과학소설계의 상을 휩쓸었다며, 《당신 인생의 이야기》는 최고의 지적 상상력을 선사할 것이라고 적혀 있다. 과학소설이라는 장르가 새삼 궁금하다.

'어떤 소설일까?'

차례를 보니, 책은 여덟 편의 소설이 담긴 중단편 소설집이다. 제목만 보면 〈바빌론의 탑〉도 재미있을 것 같고, 〈영으로 나누면〉이라는 작품은 제목이 독특하여 끌린다. 네 번째에 〈네 인생의 이야기〉라는 제목이 있다. 책 제목과 비슷한 것을 보니 대표작인 듯하다.

과학자의 소설은 분위기가 어떤지 볼 겸, 첫 번째 소설에서 잠시 멈추어 첫 문장을 읽어본다.

"만약 그 탑을 시나르의 평원에 눕히고 한쪽 끄트머리에서 다른 끄트머리까지 걸어간다면 족히 이틀은 걸릴 것이다."

기대 이상이다. 바빌론의 탑이 무척 높다는 것을 이렇게 표현한 것이다. 무방비 상태에 있던 내 안에 훅 들어와 마음속에 잠들어 있던 호기심을 끌어내는 느낌이다.

'과학자라더니 완전히 소설가네!'

당장 읽고 싶은 마음이 들었지만 일단 대표작인 듯한 네 번째 소설을 위해 꾹 참고 페이지를 넘긴다. 네 번째 소설을 읽고 나서 이것도 꼭 읽겠다고 머릿속에 북마크를 해둔다.

〈네 인생의 이야기〉, 어디 한번 읽어볼까? 첫 문장을 읽다가, 갸우뚱한다. 번역이 매끄럽지 않게 되었나 보다 생각한다. 어라! 두 번째 문장도 어색하다. 지난 일을 회상하듯 말하는데, 그 일은 아직 안 벌어진 것처럼 말한다. 속으로 따라 읽어 내려가다가 말이 안 되는 말을 하는 것 같아 살짝 거부감이 든다.

"이 소설 이상해!"

"뭐가?"

"시간이 이상해. 들어봐. '너의 아버지'라는 사람이 '나'라는 사람한테 지금 '아기 갖고 싶어?' 하고 묻는다는데, 그 아기가 '너'야. 그럼 아직 임신도 안 한 거잖아? 근데 '너'가 태어난 후에 어떤 일이 있었대."

옆에서 다른 책을 읽고 있던 남편이 무슨 말인지 모르겠으니 책의 문장을 읽어보란다.

> 너는 아직 너무 어려서 이 집을 기억하지 못하겠지만, 우리는 네게 사진을 보여주고 이 집 얘기를 해줄 거야. 오늘 밤의 이야기, 너를 잉태했던 이 밤의 이야기를 너에게 해주고 싶은 마음이 간절하단다. 하지만 그런 얘기는 네가 너의 아이를 가질 준비가 되었을 때나 할 수 있는 얘기이고, 우리는 결국 그런 기회를 갖지 못하겠지.
>
> ─《당신 인생의 이야기》, 151-152쪽

잉태되지도 않은 '지금', 아기가 태어난 후의 미래를 마치 지난 일 회상하듯 말한다. '내일 소풍 갔었어'와 같은 문장이다. 남편은, 그냥 과거를 말하는 것이 아닐까 싶다며 무슨 책이냐고 되묻는다. 이야기의 전개가 궁금해 책에서 눈을 떼지 못한 채로, 책 스승이 추천해준 소설인데 영화로도 나왔다더라며 다소 성의 없이 답한다. 영화 제목이 무엇이냐는 질문부터는 듣는 둥 마는 둥 한다. 어느새 속으로 따라 읽으며 입도 귀도 다 책에 붙어버렸다.

> 그이와 나는 차를 타고 침묵으로 가득 찬 긴 노정을 함께 하게 될 거야. 신원 확인을 위해 가는 길이야. 온통 타일과 스테인리스뿐인 시체 안치소, 냉동 장치가 웅웅거리는 소리와 방부제 냄새를 기억해. 직원이 시트를 걷어 네 얼굴을 보여줄 거야. 어딘가 이상하다는 느낌을 받겠지만, 네 얼굴이라는 걸 나는 알겠지.
>
> ─《당신 인생의 이야기》, 157쪽

아직 잉태되지 않은 '너'는 스물다섯 살이 될 때 추락사하는가 보다. 저런……. 안타까운 마음에 젖어들 새도 없이 소설은 다시 단락이 바뀌어 외계인 이야기를 하려고 한다. 이 소설의 시간은 종잡을 수가 없다. '너'의 이야기와 외계인 이야기의

알고도 선택한 미래

시간은 모두 현재가 아니다. 외계인 이야기는 몇 년 전에 일어났던 일인데 현재 벌어지고 있는 듯이, 지금 겪고 있는 듯이 말한다. '너'의 이야기는 몇 년 후 미래에 벌어질 일인데 오히려 지난 일인 듯 말한다. 하지만 소설에서의 현재는 오히려 "네 아버지가 지금 내게 어떤 질문을 하려고 해"가 첫 문장이다. 그 문장 이후에 그 현재는 지금 어디쯤 와 있는지 모르겠다. 이 소설의 시간은 아직도 갸우뚱하다.

이야기가 어떻게 흘러갈지 무척 궁금하다. 손에 잡고 있는 것이 책이 아니고 게임상자 같다. 아니 게임 속에 들어와 있는 기분이다. 그 게임에서 '마시지 마세요' 주스를 마신 것 같다. 단두 페이지 만에, 이야기에 점령당했다.

소설은 현재와 미래와 미래의 과거를 들락날락하다가 드디어 중요한 사건을 이야기해준다. 우주선이 나타난 그 사건에 대하여 논하기 위해 세 사람이 미팅을 한다.

세 사람이 인사를 나눈다. 자신을 루이즈라고 소개한 '나'는 언어학 교수란다.

'이 사람이 나구나.'

찾아온 사람들이 시간 내주어 고맙다고 하자 루이즈는 덕분에 교수회의를 빠져서 좋단다. 찾아온 이들은 웨버 대령과 게리 박사라고 인사한다.

언어학 교수, 육군 대령, 물리학자……, 웬만해서는 만나지지 않는 조합일 것 같다.

언어학 교수는 대령과 물리학자가 외계인에 관한 일로 찾아온 것을 알고 있는 것 같다. 육군 대령이 곧장 본론으로 들어가 외계인의 소리를 녹음한 파일을 언어학 교수에게 들려주며 아무것도 묻지 말고 언어학적 특성에 대해 의견을 달라고 하는데, 그다지 놀라지 않는다.

외계인의 소리는 어떨지 궁금하여 나도 집중한다. 묘하게 몰입된다. 그런데 들려준 소리는 짧고 별것 없나 보다. 소설은 "물을 뒤집어쓴 개가 후드득 몸을 흔들어 털가죽에서 물을 떨쳐내는" 소리라고 표현한다.

이게 다인가? 녹음 파일 하나 켜주고 외계인의 소리에 대한 의견을 달라는 요구가 괜히 괘씸하다. 그래도 전문가는 다르다. 교수는 후두를 이용해 소리를 내는 것 같지는 않은데 녹음만으로는 알기 어렵다고 말한다.

알고도 선택한 미래

후두를 이용해서 나오는 소리와 그렇지 않은 것을 구분할 수 있다는 말이 흥미롭다. 문득 사람의 소리가 이 후두를 통해 어떻게 나는지 궁금하다. 옆에 둔 스마트폰을 들고 '후두'를 검색해본다. 검색 결과 중 맨 위에 나오는 위키백과를 보니 후두란, 기관 입구의 특수한 구조를 말한단다. 이미지 검색 결과를 보니 기관은 식도와 나란히 있는 것으로, 그 기관의 시작 부분을 후두라고 하고 그 후두의 입구에 후두개와 성대가 있다. 인

간의 발성기는 이 후두에 있어 공기가 후두를 통과할 때 성문이 좁혀지면 이것이 진동하여 소리를 내는 것이란다.

"아, 아"

책을 읽다 말고 소리를 내 본다. 가만 보니 공기가 후두를 통과할 때라는 것은 몸속에 있던 공기를 내보내는 것을 말한다. 공기를 들이킬 때는 소리가 나지 않는다. 왜 바깥공기가 몸 안으로 들어갈 때는 소리가 나지 않을까? 너무도 당연하다고 느껴 한 번도 생각해본 적이 없던 질문이다. 소리를 내기 위해 어떤 과정을 거치는지 알 필요가 없이 말을 하고 싶으면 소리가 나왔으므로. 외계인의 소리가 이 후두에서 나는 소리가 아니라면 어디서 난다는 말일까? 소설 어딘가에 답이 있을 것이다. 일단 더 읽어보자.

대령은 외계인 언어를 해독하는 것에 관한 숙제를 받은 것 같다. 무엇이든 더 얘기해 달라고 조른다. 교수는 녹음만으로는 추측이 어렵다고 말한다. 추리를 위해 소리가 녹음된 상황 같은 것을 질문하면 대령은 '그걸 말해도 좋다는 허락을 받지 않았다'고 질문을 자른다.

교수는 인간의 귀는 인간의 후두에서 나는 소리를 인식하는데 최적화된 기관이라고, 외계인이 인간의 성도가 만들어낼 수 없는 소리를 내고 있다면 인간의 귀로는 알아들을 수 없을 것이라고, 미지의 언어를 습득하는 유일한 방법은 그 언어를 모어로 사용하는 이와 직접 교류해야 한다고, 그것도 훈련된 언어학자, 즉 자기 같은 사람이 만나봐야 뭐라도 알아낼 수 있을 거라고.

외계인과 대화라……. 기대된다. 언어는 커뮤니케이션 도구이니 '대화' 속에서나 알 수 있다는 전개가 상당히 인간적이다.

결국 루이즈 교수와 물리학자 게리가 외계인을 만나는 특별한 임무를 받았나 보다. 둘이 우주선으로 들어간다. 들어가는 장면의 설명을 읽고 있으니 괜히 심장이 더 뛰는 기분이다.

그 우주선은 '체경(looking glass)'이라는 별명이 붙었단다. 아마도 돋보기의 렌즈처럼 가운데 부분이 도톰한 모양인가 보다. 우주선의 형태를 머릿속에 그려 보기가 쉽지는 않다. 그 정도로 상상해본다.

소설은 두 사람이 체경 안에 들어가서 외계인과 상견례하기 전까지 벌어지는 장면을 자세히 묘사한다. 그런데 머릿속에 잘 그려지지 않는다. 다시 읽어봐도 마찬가지다. 텍스트의 한계가 느껴진다. 문득 영화에서는 이 부분을 어떻게 표현했을까 궁금하다. 그러다 만다. 다시 책을 읽어 내려간다.

루이즈와 게리 앞에 외계인이 등장한다. 한두 페이지 후에나 나타나겠지 했는데 예상한 것보다 훨씬 빠르게 상견례가 이루어져 다소 놀랐다.

외계인은 어떻게 생겼을까 싶어 한 줄도 놓치지 않으려고 손가락으로 짚어가며 이야기를 따라간다. 그 '후두가 아닌 발성 기관'은 어떻게 생겼을까 궁금해하며.

외계인은 일곱 개의 가지가 팔과 다리 역할을 하고 있고, 칠지가 맞닿은 부분에 통이 올려져 있는 모습을 하고 있단다. 일곱 개의 가지 위에 몸통 같은 것이 얹혀 있단다. 걸어다니는 문어가 연상된다. 몸통이 칠지 위에서 호버크라프트처럼 파도를 타는 듯 움직인단다. 그 몸통에는 눈이 일곱 개 있는데 이런 구조 덕인지 앞과 뒤가 없고 어느 방향이든 '전방'이 된단다. 뒤돌아볼 필요가 없는 것이다.

게리가 외계인에게 '헵타포드'라는 이름을 지어준 것을 보면, 일곱 개의 가지가 가장 인상적인가 보다.

영화에서라면 외계인이 등장하는 이 장면에서 몰입감을 고

알고도 선택한 미래

조시키기 위해 틀림없이 시간을 끌 것이다. 채도가 낮고 우중충한 공간에 몽롱한 공기가 흐르는 장면과 무슨 일이 생길 것 같은 음산한 음향효과와 보조를 맞출 것이다. 곧 나올 것 같은 느낌을 주는 장면이 한동안 계속되어 긴장의 끈을 놓지 못하다가 이젠 지쳐서 '대체 외계인은 언제 나오는 거야?' 하며 짱짱했던 신경줄이 힘을 잃고 느슨해질 무렵 외계인이 등장할 것이다.

소설에서는 아니다. 긴장도, 호기심도 완급을 조절할 수 있다. 한 글자 한 글자 꼭꼭 씹어 음미하며 읽으면서 섬세한 상상을 해볼 수도 있다. 너무 궁금해 참을 수 없다면 외계인이 나온 후부터 보면 된다. 소설이 따라갈 수 없는 영화의 맛이 있겠지만, 영화가 따라올 수 없는 소설의 맛이 있다.

루이즈와 게리는 햅타포드의 언어를 습득해간다.

'어떻게 외계인의 언어를 배우지?'

루이즈가, 자신을 가리킨 후 '인간'이라 말하기를 반복하는 방법으로 그들이 누구인지를 말하도록 유도한다. 그리고 햅타포드의 첫 소리인 퍼덕거리는 듯한 소리를 얻어낸다. 그 만남에서 더 많은 햅타포드의 소리를 채집했고, 루이즈는 햅타포드가 내는 소리들을 '퍼덕거림1', '퍼덕거림2' 등 캡션을 달아둔다.

흥미롭다. 아직 '언어'까지는 아니라도 그들이 무언가를 가리키며 발화한 소리를 하나둘 얻기 시작한 것이다. 소리가 발화된 상황이 있으니 녹음된 것보다 훨씬 생생하게 느껴진다. 루이즈가 햅타포드의 문자를 알아낸 과정은 굉장히 인상적이다. 언어가 다른 사람과 만나면 이런 방식으로 서로의 언어를 습득할 수도 있을 것 같다.

루이즈는 햅타포드의 소리언어와 글자언어에 대해 무언가 알아냈단다. 햅타포드가 쓴 비선형적 글자들이 발화된 소리와 무관한 의미표시 문자란다. '정지'라고 말하고 '정지'라고 쓰면 음성과 문자 간에 조응관계가 있는 것인데, '정지'라고 말하고 일시정지를 의미하는 그림을 글자 대신 쓴다면 음성과 조응하는 문자가 아니란다. 햅타포드의 음성과 글자 사이에는 조응관계가 없단다. 햅타포드의 문자에서는 곡선을 변화시키거나 하면 '본다'가 '또렷하게 본다'가 된단다.

루이즈는 그들의 음성언어를 햅타포드 A라고 하고 문자언어를 햅타포드 B라고 하기로 했단다.

그러니까 이 말은 이런 의미일 것이다. '걷다'라는 글자에서 '걷'의 'ㅓ'를 조금 구부리면 '걸었다'가 되고 그 구부림을 반복하여 지그재그로 만들면 '빨리 걸었다'가 되는 식을 말하는 것 같다. 이런 식이라면, '다'의 'ㅏ' 아래쪽을 한자의 삐침처럼 꺾으면 '걷지 않았다'가 될 수도 있을 것이다.

무척 근사하다. 문자의 일부를 변형시켜 부사나 부정문 같은 정교한 표현을 한다니 참 멋진 상상이다.

문득 왕씨 이야기가 떠오른다. 살기 위해 자신의 성씨에 획을 추가하고 변형시켜 다른 성씨로 살아야 했던 고려 말 왕씨들의 이야기가. 왕조가 바뀌면서 옳고 그름의 기준이 바뀌었고 죄와 죄가 아닌 것의 기준도 바뀌었다. 고려가 조선이 된 후 죄가 아니었던 것이 죄가 된 것이다. 이성계가 공양왕을 폐위하고 왕으로 즉위하면서 고려를 조선으로 바꾼다. 처음에는 공양왕을 강원도로 쫓아내기만 했다가 안 되겠던지 2년 후 공양왕과 그의 아들들을 죽인다. 거기에서 멈추지 않고 고려의 집권층이었던 왕씨들을 찾아내어 몰살시킨다. 왕족이었던 왕씨 성이 죄가 된 것이다. 결국 이들은 성씨에 획을 추가하거나 변형하여 전(全)씨, 전(田)씨, 옥(玉)씨, 마(馬)씨, 신(申)씨라고 하며 왕씨를 숨기고 살았다. 그래도 다행히 지금 왕씨가 있다. 소수 성씨가 되었어도 남아 있기는 하다. 어떻게 '왕'씨 성을 다시 쓸 수 있게 되었을까? 갑자기 궁금하다.

스마트폰을 켜고 인터넷 검색창에 '고려 왕씨'를 입력한다. 그랬더니 '왕씨 몰살', '개성 왕씨' 등이 포함된 웹페이지가 여럿 검색되어 나온다. 그중 왕씨 몰살을 정리한 나무위키를 클릭해 본다. 역시 생각지 않던 흥미로운 이야기들이 더 있다.

왕씨 숙청은 조선 왕조가 어느 정도 자리잡으면서 소강 상태에 접어들고 태종 때에 와서 공식적으로 중단했다는 것, 웬만한 유력한 왕씨들이 다 제거되어 더 이상 시행할 이유가 없었다

는 것, 개성 왕씨에 대한 차별이 철폐된 것은 문종 때였다는 것, 고려 공양왕의 이름은 왕요였는데 폐위되어 쫓겨날 때 공양군으로 봉해졌던 것을 후에 문종이 '공양왕'이라고 했다는 것, 문종 때 민가에서 다툼이 벌어져 '저놈이 사실은 왕씨다'라고 왕씨를 고발하려는 의도로 신고가 들어왔는데 당시에는 왕씨에 대한 정책이 이미 바뀌었기 때문에 오히려 이 사람에게 이름을 찾아주고 벼슬을 주며 왕씨를 이어가도록 했다는 것, 이 무렵 이후 조선의 정권은 고려라는 과거에 대한 배려가 많아졌다는 것.

소설은 물리학자 게리의 설명으로 그 이상하던 '시간'의 수수께끼를 푼다. 게리와 같은 물리학자들은 외계인들에게 지구의 물리 개념을 보여주고 '너네는 어때?'를 묻곤 했던 모양인데, 세상 쉬운 질량이나 가속도 같은 물리학적 개념을 이야기할 때는 아무 반응도 없던 햅타포드가 페르마의 원리를 설명하는 동영상을 보고는 적극적인 반응을 보였다는 것이다. 페르마의 원리는 빛은 언제나 최단 시간으로 도달하는 경로를 택한다는 매우 어려운 물리법칙인데 햅타포드는 이 원리를 덧셈 뺄셈쯤으로 여긴다는 것, 게리의 이야기로는 우리에게 복잡한 적분 같은 것은 그들에게 기초적인 개념이고 인간에게 기본적인 속도 같은 개념은 복잡해한단다. 그 설명을 듣던 루이즈가 무언가를 파악한 듯 '빛이 언제나 최단 시간으로 도달할 수 있는 경로를 선택한다면 빛이 출발할 때부터 도달하는 지점을 알고 있어야 가능한 것 아니냐고 되묻는다.

'정말 그렇네!'

페르마의 원리……. 빛이 최단 거리로 이동한다는 물리학자의 설명에 문득 호기심이 발동한다.

휴대폰을 들고 페르마의 원리를 검색해본다. 위키백과에서 "빛의 진행 경로에 대한 설명으로, 빛은 최단 시간으로 이동할 수 있는 경로를 택한다는 것이다"라고 설명하고 있다. 그리고 다른 웹페이지들에서는 그림과 함께 더 자세한 설명을 하고 있다. 매질이 다를 때 최단 경로가 달라진다는 것이다.

당연히 그럴 것이라고 생각했던 사실인데 어딘가 새롭게 느껴진다.

'빛이 그 매질이 있을 것도 알았다는 얘긴가?'

그렇다면 만약, 그냥 물을 담아두었을 때와 소금물을 담아두었을 때 빛의 굴절이 다를 텐데, 소금물을 담아둔 것을 빛이 알고 더 혹은 덜 굴절한다는 것인가? 머릿속은 그렇게 혼돈에 빠졌다. 소설이 의도한 혼돈에서 허우적거리는 느낌이다. 물과 우유는 확실히 다를 것 같다. 매질 차이가 명확해서. 소금도 그

럴까? 그럴 것 같다. 궁금해서 참을 수가 없다.

갑자기 의자를 박차고 일어나 유리컵을 두 개 꺼낸다. 한쪽
컵에는 물만 담고 한쪽 컵에는 겉절이를 담글 때 쓰는 굵은소금
을 잔뜩 넣고 물을 붓는다. 나무 막대기를 넣어본다.

"다르다!"

누구라도 당연히 예상할 수 있지만, 그걸 직접 눈으로 보는
것에서 오는 환희는 지식으로 알고 있을 때와 무척 다르다.

이것이다!

빛이 도달하는 목적지를 알아야만 최단 시간으로 도달할
수 있는 경로를 선택할 수 있다는 말은, 미래를 안다는 말이다!
게다가 목적지만 아는 것이 아니다. 빛은 매질에 따라 굴절이
생기므로 매질도 이미 알고 있다는 설정도 가능하다! 미래의
어느 시점이 목적지라면 그 중간 경로에서 발생하는 일들, 즉
그 매질도 알고 있다는 말이다. 그래서 외계인의 언어를 습득한
후로 그들의 방식으로 미래와 미래의 과거를 이해할 수 있게 된
것이다. 아! 짜릿하다, 이 소설!

소설은 이제 루이즈가 외계인과 대화할 때와 미래를 회상
할 때 단락을 구분하지 않는다. 루이즈의 의식에서 시간적으로

알고도 선택한 미래

거울에 낳아낸다는 그렇게되었다.

"이 경로에서는 물속에 있는 부분의 비율이 높아졌다.

는 높아나지. 이 경로로 가도 실제 경로보다 시간이 더 오래 걸려.

계라는 분명을 내려놓고 백묵가루가 묻은 손가락으로 흑판에.

을 가리켰다. '그 어떤 가상 경로도 실제로 선택된 경로보다 시간.

에 따라 달라지면 빛의 경로는 언제나 최소 시간으로 도달.

에 빠져 허우적거리지 이렇 체르마이 처단 시간에 대해 반응을 보였는가.

곳에서도 허우적거리다 힐러노이의 치렁. 앞에서 보

문이었다나 봐 염매다나 혹은 하는 가.

단절이 있던 이야기를 할 때 단락을 구분하고 한 줄씩 간격을 떨어뜨렸던 것이 더 이상 필요하지 않게 된 것이다. 문장과 단락으로도 이야기를 하고 있었다. 참 섬세하다.

소설의 마지막은, 나라면 그런 선택을 하지 않을 것 같은 결말이다. 마음이 이야기를 끝내지 못하고 다시 앞쪽으로 페이지를 넘겨본다. 게리가 루이즈에게 페르마의 원리를 설명하면서 칠판에 그렸다는 그림에서 멈춘다. 잠시 루이즈가 되어본다.

생각지 않게 소설을 보고 생각지 않게 그 소설에서 빠져나오지 못하는 모습이 낯설다. 한동안 멍하니 도표를 본다. 늘 최단 경로를 선택한다는 빛의 경로를. 내 인생은 어떤 경로를 선택했을까……

"찾았다!"

남편이 IP TV 영화 채널에서 이 소설이 원작인 영화를 찾아냈다며 함께 보자고 한다. 무척 궁금했던가 보다. 아이도 덩달아 지금 당장 보자면서 벌써 관람 자세를 취하고 있다.

영화가 시작된다.

영화에서는 루이즈가 '너'의 인생인 미래를 회상하는 장면을 어떻게 표현했을까? 내용은 소설과 같을까? 외계인은 어떻

알고도 선택한 미래

게 표현했을까? 아, 체경! 그 우주선은 어떤 모습을 하고 있을까? 그런 생각을 하니 영화의 인트로도 제법 길게 느껴진다.

"대박! 중력이 바뀐대요!" 아이가 놀란다.
"물리학자 놀란 것 봐. 과학으로는 실명이 안 되니까." 남편도 무척 흥미로워한다.
"딸의 이름이 소설에는 없는데, 한나(HANNAH)라고 했구나! 앞뒤가 같은 이름으로 지었네!"
영화는 소설과 다른 곳에서 경이롭다.
소설에서는 이런데, 영화에서는 저렇구나.

친구네 집에
가는 길은
먼 법이 없다

FRIEND
SHIP

'이건 무슨 책이지?'

책장을 바라보다가 낯선 책을 발견했다.

'FRIENDSHIP, 친구네 집에 가는 길은 먼 법이 없다.'

처음 보는 책이다. 우정에 대한 책인가? 책을 살 때는 제목
이 끌리거나, 차례를 보니 책 내용이 기대되거나, 몇 장 읽어보
니 흥미로워서 책을 두고 나오기가 어렵거나 하는 이유가 있는
데, 이 책은 어떤 인연으로 책장에 꽂혀 있는지 좀처럼 기억이
나지 않는다. 사 두고 읽지 않은 책이 많다 보니 이런 일도 있구
나 싶으면서 책에게 미안한 마음도 든다. 궁금하여 책을 꺼내어
본다.

표지가 인상적이다. 전면을 사진 한 장이 채우고 있다. 마치
액자 같다. 한적한 길 위에 아이들이 맨발로 뛰어노는 사진이

다. 표지를 봐도 여전히 '모르는' 책이다. 다시 책장에 꽂으려고 하는데 사진 속 풍경에 자꾸 눈이 간다.

한 아이가, 어디서 구했는지 바퀴 하나를 굴리며 뛰고 있다. 한껏 몰입한 표정이 진지하다. 그 옆에는 친구가 바퀴를 넘어뜨리지 않고 굴리는 것을 보며 따라가느라 신이 난 아이가 있다. 보조를 맞추어 뛰다가 박자를 급하게 탔는지 두 발이 다 공중에 떠 있다. 얼굴은 웃고 발은 바쁜 아이를 보다가 함박웃음이 난다. 아이들의 옆에는 오래되어 보이는 친구가 함께 달리고 있다. 어쩌면 아이들보다 나이가 많을지도 모르는 친구.

친구네 집에 가는 길은 먼 법이 없다

표지를 한참 바라보고 있으니 사진 속 풍경이 마치 살아 있는 듯 느껴진다. 길가 나무에선 나뭇잎이 하늘거리고 나무들 사이에선 새소리가 들려오는 듯하다.

아이들이 뜀박질하며 빠르게 지나간 자리에선 바퀴 소리가 덜컹거린다. 아까 지나온 자리의 바퀴 소리가 멀어지면 그 위로 지금 막 지나온 자리의 바퀴 소리가 화음이 되는 자연 루프스테이션 연주가 들리는 것 같다.

여긴 어디일까? 표지 사진을 보다가 책에 빠져든다. 책을 펴 본다. 글은 없고 온통 사진이다!

'사진집이었구나…….'

표지 사진이 예사롭지 않다고 생각했는데, 역시나 책 속에 사진이 가득이다. 사진집을 본 것이 언제인지 가물가물하다. 오랜만에 만나는 유형의 책에 기대감이 술솔 올라온다.

휘리릭 넘겨보니 사람들을 찍은 사진이다. 아이들이 옹기종기 모여 담벼락 앞에 앉아 있는 사진, 세 친구가 비를 피하려고 큰 우산을 함께 쓰고 앉아 있으니 몸은 다 가려지고 사이좋은 발만 보이는 사진, 두 청년이 익살스러운 표정과 몸짓으로 무언가 흉내 내는 사진, 서로의 목소리가 잘 들리지 않는지 백발의 부부가 얼굴을 가까이하고 대화하는 사진……. 하나같이 이야기가 느껴진다.

사진 속 사람들은 친구도 있고, 형제도 있는 것 같다. 어깨동무를 한 닮은꼴의 중년과 노년의 두 남자 사진은 아버지와 아들 같아 보인다. 아버지로 보이는 노인은 환한 미소 속, 몇 개 안 남은 이 사이로 '너와 함께여서 정말 좋구나!' 하고 말하는 것 같다.

'이런 책이 나에게 있었구나.'

책을 편 채로 식탁으로 가 앉는다. 제대로 보고 싶다.

순서대로 말고, 손에 잡히는 대로 넘겨본다.

사진을 보다가 풉, 하고 웃음이 새어 나온다. 웃음보가 터진 세 여인의 함박웃음을 보고 절로 웃음이 난 것이다. 무슨 재미난 일이 있었던 것인지 이 여인들은 웃다 못해 울 지경이다. 눈과 입과 광대뼈만 웃는 표정을 만드는 것이 아닌가 보다. 잇몸이 만개하도록 웃고 있는 여인들의 얼굴에는 웃지 않는 부분이 없다. 주름마저 웃고 있다.

어쩌면 이렇게도 온 얼굴이 웃고 있을까. 사람의 몸 중 팔, 다리, 배 어느 곳도 기쁘거나 슬프다고 하여 근육을 많이 움직여 표정을 만들지 못한다. 얼굴 표정이라는 게 신기하다.

이 여인들의 웃음을 보고 있으니 왜 웃는지 모르는 내 입가에도 자꾸 웃음이 번진다. 마치 여인들의 말을 알아들은 것처럼

따라 웃고 있다.

표정은 어떻게 만들어질까? 문득 궁금하다. 스마트폰에서
'표정'을 검색해본다. 검색 결과 중 위키 창에 나온 정의다. "표
정(表情)이란 마음속 감정이나 정서 등이 얼굴에 드러난 모양을
말한다."

마음이 얼굴에 드러난 것이란다. 또 다른 정의가 흥미롭다.
얼굴에는 근육이 있어, 마음속에 어떤 감정이 생기면 얼굴 근육
이 움직여 표정이 된다는 것이다. 그리고 표정은 만국 공통이어
서 다른 나라 사람의 표정을 보아도 기쁜지, 즐거운지, 불편한

지 알 수 있단다. 막 태어난 아기가 앞이 보이지 않는데도 같은 표정을 짓는 것을 보면 알 수 있단다. 하지만 문화권에 따라 표정의 크기에는 다소 차이가 있단다. 그런 차이는 그림으로 그릴 때 두드러지는데, 구미문화권의 애니메이션에서는 표정을 크고 확실하게 그리면서 근육과 골격을 넣어 표현하기도 하는 반면 한국과 일본에서는 표정 변화를 적게 하며 근육이나 골격의 움직임은 생략하고 입과 눈의 크기, 모양만으로 표현한다는 것이다.

　친구네 집에 가는 길은 먼 법이 없다

'얼굴에는 근육이 얼마나 있을까? 감정이 얼굴의 근육을 어떻게 움직이게 하는 걸까?'

인터넷 검색창에 '얼굴 근육'을 입력해보니, 표정과 얼굴 근육의 관계를 설명하는 영상 자료, 얼굴 속 근육의 종류와 명칭을 실명하는 이미지 등이 검색된다. 검색 결과를 몇 개 클릭해보니, 얼굴 근육은 약 80개 정도이고 그중 웃는 표정, 화난 표정, 당황한 표정, 행복한 표정 등 표정과 관련 있는 근육은 약 40개 정도라고 한다.

마음속 감정이 40개의 얼굴 근육을 움직여 1만 개의 표정이 된다. 한 사람의 1만 개 표정이 친구를 만나면 수만 개의 표정이 되고, 그 표정이 세월을 만나서 셀 수 없는 표정이 쌓인다. 경이롭다.

사진 속 여인들의 웃는 얼굴을 다시 보니, 또 웃음이 난다. 여인들의 마음속 즐거움이 웃는 표정을 만드는 모든 얼굴 근육을 움직이게 하나 보다. 서로의 인생을 안아주는 평온함이 느껴진다. 웃음소리가 들릴 듯한 맑은 사진을 뒤로하고 몇 장 넘겨본다.

사진마다 하나같이 사람의 존귀함이 느껴진다. 한 장 한 장 뒤로 넘겨본다. 사람들도 다양하고 사진의 배경도 다양하다.

어떤 사진은 한적한 시골 같고, 어떤 사진은 고산지대 같고, 어떤 사진은 번화한 도시인 듯하다.

이 사진들은 누가 찍은 것일까? 사진을 보다 보니 궁금함이 속속 얼굴을 내밀고 올라온다. 사진이 끝날 무렵, 선물 같은 페이지가 기다리고 있었다. 썸네일이다. 책의 모든 사진에 대하여 사진작가와 작품설명이 소개되어 있다.

'그렇지! 바로 이거야.'

손가락으로 사진을 짚어가며 작은 사진에 빨려 들어갈 듯 본다. 이런 사진도 있구나, 아까 그 사진이네, 하며 졸업앨범에

친구네 집에 가는 길은 먼 법이 없다

서 아는 얼굴 찾아내듯이 썸네일의 사진을 본다. 아, 표지에서 본 그 사진은 어디일까? 표지 사진과 같은 썸네일 사진을 빠른 눈으로 훑는다. 찾았다! 표지 사진은 1990년에 인도 출신 캐나다 사진작가 다르메쉬 비프사르가 찍은 것이며 인도 바로다의 한적한 길에서 이 아이들이 신나게 바퀴를 굴리며 달려가는 모습을 찍은 것이라고 설명한다. 사진의 제목은 '마음껏 바퀴를 굴리자!'란다.

'인도의 아이들이구나…….'

사진작가가 길에서 저 아이들 노는 모습을 만났을 때 얼마나 기뻐했을지 느껴진다. 연출되지 않은 삶의 장면은 항상 대기하고 있는 것이 아니므로.

다시 앞으로 넘겨, 사람들의 표정을 본다. 같이 웃고, 같이 즐거워하고, 같이 슬퍼하고, 서로 위로해주는 표정이다. 한 장 한 장 넘겨보는 동안 절로 미소가 지어지는 사진도 있고, 안타까운 일이 있었는지 애잔한 얼굴들도 보인다. 자세히 보니 표정이 얼굴에만 있는 것이 아니다. 이마를 맞대고 그윽하게 감은 눈에도, 친구의 머리에 핀을 꽂아주는 어린 손에도, 어깨에 두른 팔에도, 같이 쓴 우산에 가려 보이지 않는 키득거림에도, 한 곳을 향해 걷는 걸음에도, 표정이 가득하다.

사진을 찍기 위해 지은 표정이 아닌 삶의 표정이다. 모델보다도 더 멋진 표정이다. 사람들의 삶에도 향기가 있다면 이런 순간에 그 향기가 날 것 같다. 책을 볼수록 마음도 맑아지는 느낌이다.

한 사진을 보다가 빵 터진다. 쇼윈도에 다닥다닥 붙어 있어 표정이 망가진 아이들의 사진이다. 썸네일 페이지로 가서 제목을 보니, '싱가포르의 크리스마스'란다. 눈도 뜨지 못하는 아이, 유리에 얼굴이 붙어서 입이 납작해진 아이, 볼이 눌려 눈만 힘껏 쇼윈도 안쪽을 향하는 아이, 모두 간절하다. 얼굴은 이미 망가진 지 오래다. 도대체 저 유리 안에 어떤 크리스마스 장식이 있기에 저리도 가까이서 보고 싶어 할까?

조금이라도 더 가까이에서 보려고 쇼윈도에 붙어 있는 아이들을 보니 심훈의 《상록수》에서 나무에 주렁주렁 매달려 교실 안을 바라보며 마지막 수업을 듣던 장면이 떠오른다.
《상록수》는 소설이다. 그런데 희한하게 《상록수》 하면 저 장면이 영화처럼 떠오른다. 아이들이 느끼는 것을 작가가 함께 느끼기 때문이다. 작가가 생각한 것을 독자가 연상하기 때문이다. 신춘문예에서 몇 번이나 낙방했던 적이 있다고 들은 기억이

친구네 집에 가는 길은 먼 법이 없다

난다. 누가 한 말인지도 기억이 가물가물하다. 아마도 고등학교 시절 국어 시간에 들은 이야기 같다.

문득 궁금하다. 신춘문예 당선작은 어떻게 탄생하는 것일까? 잠시 한쪽 손에 끼고 있던 책갈피를 꽂아 내려놓고 스마트폰을 연다. 혹시나 하는 마음에 오랜만에 떠오른 단어 '신춘문예'를 정성스레 입력한다.

나온다! 《매일신보》에서 1914년에 '신년문예모집' 공고를 내면서 처음 시작되었단다. 그 후 《동아일보》, 《조선일보》도 신춘문예를 시행하여 현재에는 30개가 넘는 신문사에서 시행하고 있단다.

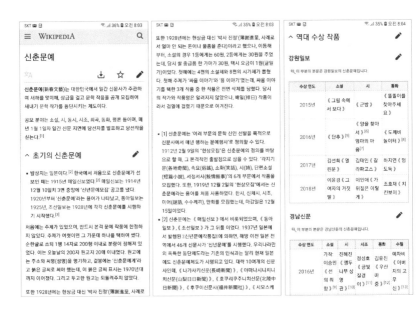

홍미로운 내용들이 줄줄이 적혀 있다.

신춘문예에 공모하려면 순한글로 써야 했다는 것, 원고의 겉봉에는 '신춘문예계'라고 붉은 글씨로 써서 제출했어야 했다는 것, 1등에게 주는 사례금은 쌀 두 가마 정도 값인 60원이었다는 것, 대체로 12월 초에 마감하고 당선작 발표는 1월 1일에 했다는 것, 단카〔短歌〕, 하이쿠〔俳句〕, 센류〔川柳〕, 시, 수필, 소설 등을 모집했는데 첫해에 당선된 소설 중 3개가 싸움을 주제로 한 작품이었는데 신문에는 전면 삭제되고 용을 주제로 한 작품만 게재되었다는 것 등이다. 평소 큰 관심이 없던 것이지만 읽다 보니 흥미롭다. 해방 전 신춘문예는 일본 전역에서 시행된 46개 신문사의 신년문예와 유사한 맥락으로 시행되었었다는 내용도 있다. 최근까지의 당선작 소개를 보니, 매년 이렇게 많은 사람들이 등단을 하는구나 하는 생각과 함께 읽지 못한 작품들이 얼마나 많을까 싶은 생각도 든다.

심훈의 《상록수》는 언제 신춘문예에 당선된 것일까? 다시 《상록수》가 궁금하다. 검색창에 '상록수'를 입력한다.

위키 페이지를 클릭해보니 한국의 소설가이자 영화인인 심훈의 장편소설이자 마지막 소설이라고 소개되어 있다. 1935년 《동아일보》 창간 15주년 기념 신춘문예 소설 공모전에 당선된 것이란다.

읽어 내려가다 보니 흥미로운 이야기가 있다. 〈상록수〉와 함께 〈그날이 오면〉이라는 민중가요의 모태가 된 시가 바로 이 심훈의 작품이라는 것, 농촌계몽운동을 주제로 하다 보니 한밤중에 해변에서 키스를 하는 장면 등은 교과서에는 나오지 않는다는 것, 심훈은 1936년 장티푸스로 사망해 독립을 보지 못했다

는 것, 소설의 배경이 되었던 경기도 안산시가 2개 구로 분할되
면서 상록수를 기념하고자 지명으로 상록구를 채택한 일은 이
례적이라는 것, 여주인공 채영신은 실존 인물에서 따왔다는 것
등 새롭게 알게 된 이야기가 상록수에 대한 호감을 더해준다.

한참 나무에 주렁주렁 달려 마지막 수업을 듣던 아이들을
상상하느라 잠시 사진집을 잊었다.

다시 책을 본다. 쇼윈도에 달라붙어 있는 싱가포르의 아이
들을 보니 아직도 웃음이 난다. 이 아이들은 크리스마스 장식을

친구네 집에 가는 길은 먼 법이 없다

소원대로 봤을까?

아이들이 훗날 그날의 이야기를 나누며 다시 또 행복해하고 있을 것 같다. 이 사진들이 이 아이들에게 추억이 될 것을 생각하니 그런 생각만으로도 흐뭇하고 뭉클하다. 누군가의 인생이 한 사람의 마음을 씻어주는 맑은 빛이 되어주었다는 것을 아이들은 모르겠지 생각하며.

커피 생각이 난다. 얼른 책을 보고 싶은 마음에 딱 커피 끓일 만큼 물만 넣고 전기포트를 켠다. 금방 보글보글 물이 끓어오른다. 그 사이 커피믹스 한 봉지를 잔에 넣고 초스피드로 끓인 물을 붓는다. 식탁으로 가져와 다시 책을 본다.

이번에는 시골 할아버지들과 어린 남자아이가 등장한 사진이다. 아이가 무슨 재롱을 피웠는지 논에서 일하던 동네 할아버지들이 무척 즐거워하는 모습이다. 그런데 한편으론 씁쓸한 마음도 든다. 할아버지 네 명과 어린아이 한 명, 초고령사회를 맞고 있는 한국의 현재와 닮아 보인다.

뒤로 페이지를 넘겨 사진의 설명을 보니, 사진 속 마을은 중국 신안이라고 한다. 신안은 어디일까? 스마트폰을 열어 지도

앱을 켜 검색해보니 황하 남쪽에 인접한 곳이다. 서울의 두 배쯤 되지만 광활한 중국에서는 작은 마을이다.

황하, 오랜만에 들어본다. 황하문명을 탄생시킨 그 강. 위엄이 대단했을 것 같다. 지금은 오히려 다른 지역들이 훨씬 발달했다. 황하는 언제부터인가 발달과 성장의 아이콘을 잃어간 것이다. 왜 그렇게 되었을까? 다시 스마트폰으로 '황하'를 검색해본다.

위키 페이지를 열어보니, 황하 유역에 대한 자세한 이야기가 나온다. 황하 유역은 상류에서 끌어온 토사가 농토에 뿌려져 자연 비료 역할을 해주어서 농사가 잘되는 비옥한 문명이었던

다. 물을 다스리기 위해 많은 인원이 필요했고 자연스럽게 사람이 모여 문명이 빠르게 발달했단다. 강 중심의 문명이 그러하듯 황하도 범람으로 인해 측량 기술이 발달했는데 황토의 고운 흙은 질 좋은 벽돌과 기와 만들기에 적합하여 건축기법도 발달했단다. 하북, 하남 등의 하(河)는 본래 황하의 이름이었고, '다스린다(治)'는 말은 물을 조정한다는 의미에서 나온 것이란다.

황하의 황색을 황제의 색으로 지정할 정도로 숭상의 대상이었단다. 이후 기후변화로 곡물 생산능력이 크게 저하되면서 정치 경제의 중심도 장강 유역과 남북 해안가로 옮겨가게 된다다. 최근에는 단류(斷流)가 잦아지고 단류 구간도 길어져 물이 흐르지 않는 강이 되어가고 있단다.

안타깝다. 한편으로는 신기하기도 하다. 사람에게 생로병사가 있듯, 자연에도, 공간에도, 그 이치가 똑같이 적용되는 것 같다. 영원하지 않고, 성장하는 시기가 있으면 자연스럽게 노후되는 시기가 따라서 오고, 어딘가 사라지면 다른 어딘가는 태어나는 곳이 있고 하는 이치 말이다.

과거의 영화로운 역사가 시들어가고 이제 젊은 사람의 에너지를 느끼기 어려운 저 황하 유역 신안 마을에 다섯 살배기 꼬마 아이가 재롱을 피우고 있는 사진이 아름답기까지 하다.

몇 장 넘겨본다. 사진마다 가슴을 울리거나, 입가에 미소가 흐르게 하거나, 눈이 촉촉해지거나, 불현듯 나의 옛날이 생각나게 한다. 은데벨레족 아이들이 화려한 전통 색채의 액세서리를 두른 오빠 뒤로 수줍은 여동생이 숨어 모델이 되어준 사진, 키 차이가 나는 네 명의 친구들이 조금이라도 떨어질 수 없다며 어깨동무를 하고 서로 다른 보폭을 감당하느라 바지가 내려가는 것도 모르고 멕시코의 거리를 걸어가는 뒷모습 사진, 레소토의 아이들이 태어나서 처음 보는 백인 남자아이를 신기하게 바라보며 '너랑 정말 친하게 지내고 싶어'라고 말하는 듯한 표정으로 환영하는 사진, '우리는 어린 시절에 베를 짰다. 햇빛 밝은 대기(大氣)라는 베를'이라는 문구가 너무 감각적이어서 어린 시절의 공기가 재현될 것 같은 느낌이 드는 말레이시아 놀이터에 모여 노는 아이들의 사진, 히말라야 구릉지대에 사는 할아버지가 두 손자를 돌보면서 카트만두에서 건너온 젊은 집배원에게 세상 소식을 전해 들으며 유쾌해하는 모습의 사진, 브라질의 어느 거리에서 구두닦이 가방을 어깨에 멘 브라질 소년이 동생에게 든든한 팔을 두르고 있는 사진까지.

"밝다!"

딸아이가 와서 내가 보던 사진을 보고 한마디 한다.

"뭐가 밝아?"

"헌 옷을 입고도 이렇게 웃으면서 살 수 있는 아이들. 우리는 더 많은 것을 바라는데."

아이의 말에 사진이 달리 보인다. 그렇다.

아이가 책을 마음에 들어 하는 것 같아서 책에 나온 말을 소개해주었다.

"친구네 집에 가는 길은 먼 법이 없대."

"맞아요. 왜냐하면 가는 길이 행복하니까요."

'아, 이런!'

아이에게 한 수 배운다.

생각의
프레임을 바꾸다

군자를 버린
논어

해가 바뀌었다. 그리고 여느 해와 다른 새해를 맞았다. 10년 동안 같은 일을 해오면서 언제부턴가 연말연시는 TV에서나 번화가에 가야 분위기를 느낄 수 있었고 애써 새해 계획을 세우지 않으면 일상에 큰 변화가 없어 12월 31일은 '어제'이고 1월 1일은 '오늘'일 뿐이었다.

하지만 올해는 아니다. 새해를 대하는 마음이 사뭇 다르다. 해오던 업무를 떠나 새로운 업무를 맡게 된 것이다. 예전의 업무는 오랜 경험으로 숙련되고 익숙하여 어떻게 하면 그 일을 잘해낼 수 있는지, 언제쯤 많이 바쁠 테니 방전되지 않도록 신경 써야 하는지, 언제쯤 숨을 돌릴 수 있을 테니 그때 휴가 계획을 잡는 게 좋겠다가 훤히 보였다. 한 마디로 너끈했다. 하지만 새로 받은 업무는 아니다. 잘 해낼 수 있을까 하는 마음에 생각이 많아져서 하루하루 긴장이 쌓여간다.

"새로운 업무는 할 만하세요?"

고개를 들어보니 종종 조언을 해주는 직장 동료다. 머릿속이 복잡한 탓인지 안부를 묻는데도 집중이 안 되고 멍하다. 열심히 해보려고 한다는 말로 얼버무린다. 새로운 일에 대한 생각으로 꽉 찬 뇌가 다른 생각은 못하게 된 듯 말이 더디다.

동료의 얼굴에 걱정스러움이 포개진다. 그러고는 안부 물을 때보다 한층 낮아진 목소리로 말한다. 그 일만 생각하지 말고 사고를 유연하게 해줄 무언가를 해보라고. 바깥 날씨가 추워 산책은 엄두가 나지 않을 테니 책이라도 읽어보라고.

어떤 생각에 빠지면 주변의 다른 것들은 한동안 무채색이 되어버린다. 그 생각이 뇌를 꽉 채워 다른 생각이 들어올 틈이 없게 되는가 보다. 며칠 동안 이렇게 지냈던 것 같다. 이럴 때 옆에서 건네는 한 마디는 일상의 호흡 조절에 큰 도움이 된다.

생각을 덜어내야겠다. 여전히 바쁜 마음과 채 비우지 못한 생각 뭉치를 이끌고 도서실을 향해 터벅터벅 발걸음을 옮긴다.

도서실 서고는 잘 차려진 뷔페 같아서 어떤 책이 있는지 어떤 책이 흥미로울지 메뉴를 고르다 보면 뇌가 환기되는 느낌이다. 다양한 메뉴……, 생각만 해도 기분이 좋아진다.

도서실에 들어서자 낮은 음악 소리가 반긴다. 천장이 높고 시야가 넓어 가슴도 뻥 뚫리는 듯하다. 역시 환경이 바뀌니 생각도 이곳에 맞게 재정렬을 하는지 머릿속이 한결 편안해지는 것 같다.

어디, 좋은 메뉴 한번 찾아볼까…….

네모난 서고를 따라 시선을 옮기다 보니 잘 가지 않던 구석에 이르렀다. 이 서고에는 평소 회사에서 잘 보지 못했던 책들이 보인다. 《노자》, 《장자》, 《한비자》, 《논어》……. 그런데 《논어》의 제목이 독특하다. '군자를 버린 논어'다. 《논어》는 군자가 되어야 한다고 강조하는 책이 아니었던가? 《논어》가 군자를 버렸다는 말이 무슨 의미일까? 궁금증을 자아내는 제목이 묘하게 끌린다.

'군자'라는 말을 처음 들은 것은 오래전 중학교 한문책의 예문에서다. 예문의 내용은 잘 기억나지 않지만 '군자는 이렇고 소인은 저렇다'는 식의 문장이었다. 군자와 소인은 예문에 늘 짝꿍처럼 함께 등장했던 기억이 난다.

한문 수업이 시작되기 전에는 그날 배울 예문을 미리 칠판에 적어두어야 했는데, 그 주의 당번이었던 나는 군자와 소인이 나오는 예문을 칠판에 적고 있었다. 한 글자 한 글자 책을 보며 따라 그리듯 예문을 써 내려가는데, 등 뒤에서 "틀렸어!"라고 말하는 소리가 들렸다. 군자(君子)로 시작하는 문장을 적다가 나도 모르게 '소자(小子)'라고 썼던 것이다.

'소자, 소자…….'

하하하! 엉뚱한 조어에 웃음이 난다. 속으로 따라 읽어보니 어딘가 어색한데 무심코 군자와 라임을 맞춘 것일까? 문득 왜 군자는 자(子)를 쓰고 소인은 인(人)을 쓰는지 궁금했다. 하지만 질문하지 못했다. 나만 모르는 건 아닐지, 이런 사소해 보이는 질문을 해도 되는지 하여. 수업이 끝나갈 무렵 선생님이 군자와 소인에 대해 설명하시는 거 같아 귀가 쫑긋해졌다.

"소인의 반대말은 대인이 아니라 군자다! 시험에 나오면 틀리지 마라!"

허탈했다. 군'자'와 소'인'으로 쓰는 이유는 듣지 못한 채, 선생님은 종소리와 함께 퇴청하셨다.

"대인이래! 누가 대인이라고 쓰겠어, 하하하!"

아이들은 까르르 웃었지만 시험에서 실제로 '대인'이라고 쓴 답안지는 적지 않았다.

나중에 알았지만, 자(子)는 높여 부를 때 쓰는 말이었다. '~선생'이라는 의미로, 남을 가르칠 정도의 사람을 뜻한다. 지금이야

생각의 프레임을 바꾸다

지식이 넘치지만 당시에는 지식이 사람을 통해서 전해졌으니 누군가를 가르칠 만하다고 여겨지는 사람은 분명 '높은 분'이었을 것이다.

군자와 대조되는 개념으로 소자(小子)라는 낱말은 애초부터 성립하기 어려웠던 것이다.

순식간에 옛 생각이 지나갔다.

《논어》가 군자를 버렸다는 말이 무슨 뜻일까 궁금해하며 서고에서 책을 꺼냈다. 책을 펼치다 말고 표지의 일러스트에 웃음이 난다. 공자가 팔을 괴고 게으르게 엎어져 한 손으로 스마트폰을 들여다보며 빈둥거리는 듯한 그림이다. 공자라면 근엄하고 매사에 바를 것 같은 이미지인데 그림 속 모습은 영락없이 킬링타임 중인 현대인이다. 《논어》라고 하여 딱딱하고 지루할 것이라고 생각했는데 위트가 넘친다.

책 표지를 넘겨본다.

머리말이다. '이 논어는 왜 군자를 버렸는가'라는 제목이 붙어 있다.

'그렇지!'

그 이야기가 궁금해서 책을 얼굴에 가깝게 당긴다.

　책은, 사람들이 《논어》를 어렵다고 느끼는 데에는 이유가 있다고 말한다. 《논어》에 나오는 '말' 때문이란다. 책을 읽을 때 일상에서는 잘 쓰지 않는 용어가 나오면 이해하기 쉽지 않은데 《논어》에 나오는 말 중 요즘에는 안 쓰는 말들이 많아 공감을 방해한다는 것이다.

　요즘 세상에 '커서 군자가 되라'고 말하는 부모도 없고 '군자가 그러면 못써요'라고 하지도 않는다며 이런 '오래된' 언어가 이질감을 느끼게 한단다. 그리고 《논어》에 나오는 마을 이름이나 직급도 굳이 알아야 할 이유가 없으므로 해석할 때는 요즘 쓰는 용어로 치환해줄 필요가 있단다. 공자가 역임했던 '대사부'도 '지금의 법무부장관'이라고 풀어서 설명해줄 때 훨씬 이해하

생각의 프레임을 바꾸다

기 쉽다는 것이다.

그래서 이 책은 《논어》의 트레이드마크인 군자를 버리고 실생활에서 쓰는 말을 사용했단다.

'오! 읽을 만하겠군.'

어려운 옛날 말은 쓰지 않았다고 하니 조금 더 읽어볼까 하는 마음이 생긴다. 페이지를 넘겨본다.

《논어》는 일상의 대화를 메모한 것이란다. 일종의 대화록이다. '공자가 제자들을 가르칠 때 교재로 활용했을 것 같은 《논어》는 공자와 제자들이 나눈 대화를 공자가 세상을 떠난 후에 제자들이 죽간에 기록하여 남긴 것이란다.

생활 속 대화라는 것이 회의와는 달리 주제를 정하고 하는 것이 아니다 보니 앞뒤가 연결되지 않고 줄거리도 없어서 간혹 이 말 했다가 저 말 하는 듯 산만해 보인다는 것이다. 게다가 죽간이 지금의 종이와는 달리 많은 글자를 써 넣기가 어려워 공자의 말씀 중에서도 핵심 문장만을 주로 기록하고 배경 설명은 대부분 생략하여 해석하기가 어렵단다.

또 '학이(學而)'편, '술이(述而)'편 등 각 장의 제목도 특별한 의미가 있는 것이 아니란다. 죽간 한 편을 쓰고 다른 죽간에 이어

쓸 때 시작하는 문장의 앞 글자를 따온 것이란다. 말하자면 첫 번째 죽간이 '학이시습지(學而時習之)'라는 문장으로 시작하고 있어서 '학이(學而)'편이라는 것이다. 만약 두 번째 죽간의 첫 문장이 '위정이덕(爲政以德)'이 아니라 '시삼백 일언이폐지 왈사무사(詩三百 一言以蔽之 曰思無邪)'였다면 장의 제목은 '위정(爲政)'편이 아니라 '시삼백(詩三百)'편이 되었을 것이라는 말이다.

'장의 제목이 이런 의미였구나!'

제목에도 대단한 의미가 있지 않을까 막연히 가졌던 경외감이 싱겁게 꼬리를 내린다.

《논어》 같은 고전에 대해 어려운 책이라는 인상은 어쩌면 편견이 만든 이미지일지도 모른다. 고전 앞에 쉽게 주눅 드는 모습에 '그럴 필요 없다'고 말해주는 듯하다.

'논어 죽간은 어떻게 생겼을까? 지금도 보존되어 있을까? 논어가 길 텐데 제자들이 나누어 썼겠지? 어떻게 나누었을까?'

옛날이야기는 늘 호기심을 자극하여 궁금한 것이 쏟아진다. 《논어》의 말씀보다도 《논어》가 어떻게 만들어졌는지 궁금하여 페이지가 넘어가지 않는다. 내친김에 스마트폰을 꺼내어 '논어 죽간'을 검색해본다. 고대 유물 탐사라도 하듯 신경이 온통 화면에 집중된다.

드디어 검색 결과가 나왔다! 오래되어 보이는 죽간 사진도 보이고, 죽간본《논어》가 언급된 웹페이지도 보인다. 죽간 사진들을 가만 들여다보니 유물쯤 되어 보이는 예사롭지 않은 사진이 눈에 띈다.

'설마 이것이 공자의 제자들이 기록한 논어일까?'

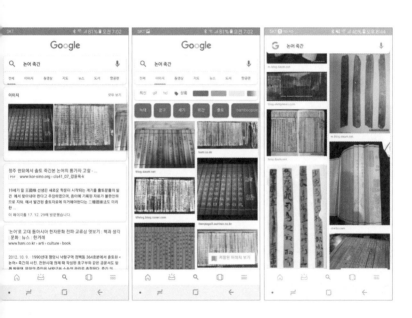

사진에 보이는 죽간이 그 옛날의 《논어》인가 싶으니 세로토닌이 분비되는지 기대감에 벌써 흥이 돋았다. 사진을 클릭하는 손가락의 긴장까지 느껴졌다.

이 죽간은 기원전 40년대에 땅에 묻힌 《논어》라고 한다. 그리고 놀랍게도 1992년에 평양의 고분에서 출토된 것이란다. 고문(古文)으로 쓰인 것이 아니고 전한시대 한자로 쓰였다고 하니 공자의 제자들이 기록한 죽간은 아니다.

사진 속 죽간에 적힌 한자를 한참 바라보지만 내게는 그림이나 다름없다. 그런데도 왠지 뭉클하다. 공자의 제자들이 스승과의 대화를 복기하며 이렇게 생긴 죽간에 한 자 한 자 새겼을 것 아닌가. 그 제자들이 떠난 후에는 누군가가 다시 필사를 하면서 감화되었을 것이고, 그렇게 그렇게 널리 퍼져 한반도까지 왔을 것이니 말이다.

책을 휘리릭 넘겨본다. 차례에는 모두 스무 편으로 정리되어 있다. OO편이 스무 개인 것이다. 본론 뒤에 이어지는 부록의 제목이 눈에 띈다. '간단히 살펴보는 논어의 시공간', '간추린 공자의 생애와 사상', '논어 속에서 만나는 공자의 제자들'…….

꽤 흥미로워 보인다. 페이지를 뒤로 넘겨본다.

《논어》에는 두 개의 나라가 나오는데 하나는 공자가 태어난 곳인 노나라이고, 다른 하나는 공자가 정치를 꿈꿨던 나라인 제나라라고 한다.

'공자가 정치를 하고 싶어했구나……. 왜 다른 나라에서 정치를 하고 싶어했을까?'

낯선 이야기에 호기심이 생기던 중 책은 친절하게도 지도를 보여준다. 춘추시대(春秋時代)의 중국이란다. 공자가 정치에 출마하고자 했다는 제나라는 산동성으로 지금의 칭다오시가 있는 지역이고 노나라가 제나라와 접해 있다. 크기로 봐서는 노나라와 제나라가 현저하게 차이 나는 것이 아니어서 공자가 출생지인 노나라보다 제나라에서 관직을 하고 싶어 했다는 걸 보면 제나라가 좀 더 힘이 있었나 보다.

지도를 보니 춘추시대에는 참 많은 나라가 있었다. 춘추전국시대를 통일한 진나라는 진시황의 무덤이 발견된 서안에 위치해 있고, 한때 천하를 호령했다는 주나라는 이 무렵 매우 작아진 것으로 보인다. 지도로 보니 이 시대의 분위기가 더 잘 느껴진다.

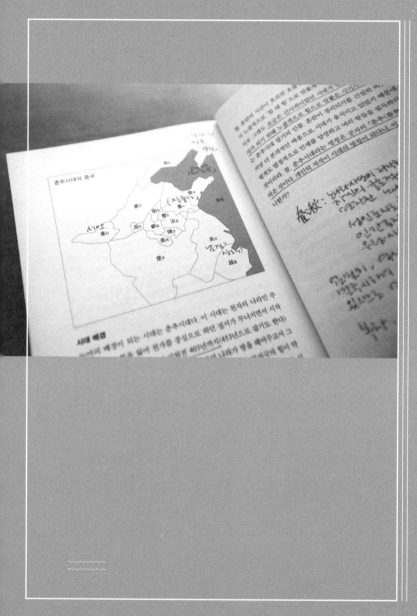

생각의 프레임을 바꾸다

《논어》는 춘추시대가 가고 전국시대(戰國時代)가 도래할 무렵의 이야기다. 천자(天子)의 나라라고 불리며 오랫동안 천세를 누리던 주나라가 점차 힘을 잃게 되어 제후들에게 땅을 떼어주며 그 지역의 통치권을 맡기면서 제후국들이 생겨나게 되었는데 이것이 춘추시대란다.

처음에는 이 제후국들이 지방자치의 개념에 충실하여 땅과 통치권을 준 주나라와 황제를 존중하며 신사적으로 경쟁했지만, 힘이 길러진 제후국들이 점차 노골적으로 맞붙게 되었고 이 시기가 전국시대란다. 《논어》는 춘추시대가 끝나갈 무렵 이제는 토너먼트에서 이겨야만 살아남을 수 있는 시대에 탄생한 것이다.

공자는 기원전 551년 노나라에서 태어났는데, 공자의 아버지인 숙량흘은 공자가 사랑한 주나라에 의해 멸망했던 은나라의 왕족이라고 한다. 공자도 왕족인 것이다. 숙량흘이 노년에 나이가 한참 어린 안징재를 만나 아기를 갖게 되었는데 그 아이가 공자란다. 사실 공자의 부모는 혼인한 관계가 아니어서 사생아였던 공자는 상속도 받지 못했다고 한다. 공자가 어릴 적에 어머니도 눈이 멀어 어려운 유년 시절을 보내면서 다양한 아르바이트를 했단다. 키가 2미터가 넘는 아버지처럼 공자의 키도 1미터 90센티미터쯤 되어 키다리라고 불리기도 했단다.

공자 이야기는 여러 모로 의외다. 유가 사상의 창시자인 공자가 사생아로 출생했다는 스토리도 파격적이고, 공자가 숙량흘의 집안에서 인정받지 못하고 호부호형(呼父呼兄)하지 못했다는 것도 의외의 사연이다. 예수, 석가모니, 소크라테스와 함께 4대 성인인 공자가 연약한 몸으로 고뇌하고 책만 들여다봤을 듯한 외모와 달리 기골이 장대한 신체로 수레 운전도 하고 목수도 하며 각종 험한 일을 했다는 것도 반전이다.

생계를 위해 다양한 일을 하며 어린 시절을 보냈던 공자는 무슨 이유에서인지 15세에 학문에 뜻을 두고 배움을 시작하여 30대에 자신만의 학문을 완성했는데 정치적으로는 운이 열리지 않아 공자가 그토록 갈망했던 관직의 기회가 열린 것은 52세였단다. 그래도 30대 중반부터는 학문적으로 이름을 날려 제자로 받아 달라는 사람들이 많이 찾아왔는데 공자의 제자는 3000명에 이르렀다고 한다.

'이 정도면 거의 대학 수준이네! 삼천 명이나 되는 제자는 왜 모여들었을까? 그 당시 사람들이 공부에 대한 갈망이 많았던 것일까?'

방앗간 기계에서 가래떡 나오듯 질문이 쏟아진다. 참을 수 없는 궁금함에 주머니에서 스마트폰을 꺼내어 인터넷 검색창에 '공자'를 입력한다. 검색 결과가 매우 많다! 아무리 스크롤해도 바닥이 보이지 않는다. 내용이 많으니 부자가 된 느낌이다. 수많은 자료들 중에서 체계적으로 정리되어 있을 것 같은 위키백과를 클릭한다.

역시 책의 내용에 위키백과가 한 숟갈 얹는다.

공자의 자인 '중니'의 '중(仲)'은 둘째 아들을 뜻하고 이복형인 맹피의 '맹'은 첫째 아들을 뜻한단다.

'이름에 이런 의미가 있었구나……'

공자가 학문을 한 방식도 설명한다. 공자가 공부에 몰입한 15년간 딱히 스승은 없었고 노자와 같은 사람들에게 '물어서' 배웠단다. 어렵게 공부를 하고 노나라에서 가장 박식한 사람이 되었을 때 학원을 설립하고 제자를 받았다는 것이다. 다만 공자는 제자를 받을 때 출생의 귀천을 가리지 않았다고 한다. 서민이 교육을 받는 기회가 열린 것이다.

공자

文A ☆ ✏

칭호에 대해서는 공자 (칭호) 문서를 참조하십시오.

공자(중국어: 孔子, 병음: Kǒngzǐ 쿵쯔ⁿ) 또는 **공부자**
(중국어: 孔夫子, 병음: Kǒngfūzǐ 쿵푸쯔ⁿ, 라틴어:
Confucius 콘푸키우스ⁿ, 기원전 551년 ~ 기원전 479
년)는 유교의 시조(始祖)인 고대 중국 춘추시대의
정치가·사상가·교육자이고ⁿ, 노나라의 문신이자
작가이면서, 시인이기도 하다. 흔히 유교의 시조로
알려져 있으나, 어떤 관점에서 보더라도 유가의
성격이나 철학이 일반적인 종교들과 유사하 취급될 수
없다는 점에서 20세기 중반 이후에는 이처럼 호칭하는
학자는 거의 없다. 유가 사상과 법가 사상의 공동
선조였다.

공자

공자의 조상은 주나라의 이전 왕조인 은나라에서
봉토를 하사 받은 송나라의 공족(소국의 왕에 해당)
이었으며 공자의 3대 전에 노나라로 옮겨 왔다. 그의
집안은 송나라 왕실에서 연유한 명문 가문이었으나
몰락하여 노나라에 와서 살게 되었으며, 부친 숙량흘은
무사였다. 부친과 그의 처첩 시씨(施氏) 사이에는 딸만
아홉이었고 아들은 하나뿐이었다.

공자의 자가 중니(仲尼)가 된 이유는 집안의 장남인
맹피에 이은 둘째 아들이라는 뜻이다. 흔히 소개되는
공자의 가계는 보통 그의 부친 숙량흘과 증조부
공방숙까지 언급되나, 후대에는 보통 공자를 시조로
간주하기도 한다.

소년 시절 ✏

《사기》의 '공자세가'에는 공자의 키가 9척6촌에 달하여
'장인(꺽다리)'으로 불렸다는 기록이 남아 있다. 공자는
사생아였기 때문에 공씨 집안에서 숙량흘의 자손으로
인정받지 못했다. 3살 때 아버지가 죽었고, 어머니
안징재가 쿨리로 이사하여 홀로 공자를 키웠다. 부친
숙량흘의 재산은 이복 누이들과 이복 조카에게
상속되었다. 그의 몫으로 돌아온 것은 없었다.
설상가상으로 모친마저 눈이 멀어 여러 생활 형편은
더욱 나빠졌다. 이 결과 공자는 어려서부터 거칠고 천한

사생아였던 공자에게 자신이 대부였던 숙량흘의
자손, 즉 귀족임을 인정받는 것이 필생의 목표였다.
무사였던 아버지와 달리, 공자는 글과 지식으로서
인정받으려 했다. 어릴 적부터 제사 지내는 흉내를 내며
놀기를 좋아했다 하며, 고실(故實), 즉 예부터
내려오는 전통적인 종교 의례·제도·관습 등에 밝았다.

공자에게는 특별한 선생은 없었다. 그가 만날 수 있는
모든 사람에게 배웠다. 그 가운데 유명한 사람이
주나라의 주하사였던 노자이다. 공자가 노자를
찾아가서 배웠던 것은 여러 문헌에 나온다. 이런 사정을
만년에 공자는 "15살에 배움에 뜻을 두었고, 30살에
섰다"고 회고한다. 서른 살에 학문의 기초가 섰으며,
생활의 토대가 섰으며, 한 인간으로서 우뚝 선 것이다.

30대가 되자 공자는 노나라에서 가장 박식한 사람이
된다. 그는 학원을 열어서 학생들을 가르쳤다. 중국
역사상 최초의 학교를 창설한 것이다. 노나라의 유력한
대부의 자손에서 평민의 자제까지 '묶은 고기'(束脩)
이상을 가져온 사람은 누구나 가르쳤다. 공자는 <시경>
<서경> <주역> 등의 경전을 가르쳤다.

공자는 노나라에 살았다. 따라서 노나라를 건국했던
주공(周公)을 본받아야 할 사람으로 받들었다. 주공은
어린 성왕을 대신해서 섭정을 하면서 주나라의

공자의 명성과 개방된 입학 조건으로 제자가 늘어났고, 이
것이 중국 최초의 사립학교가 되었다는 것이다.

'공자가 만든 학교가 최초의 사립학교였다고?'

지금으로 치면 초등학교부터 대학까지 16년 동안 배운 후
사립대학을 설립한 것이다.

기원전 500년경 당시에는 어떻게 배웠을까? 어떻게 하여
사립학교가 가능해졌을까? 없던 사립학교가 탄생했다는 것은
사회적으로 엄청난 변화였을 텐데, 아마도 거대한 동력이 있었
을 것이다.

생각의 프레임을 바꾸다

질문이 봇물 터지듯 쏟아진다. 궁금함을 이기지 못하고 다시 탐색 모드다.

공자를 알아가면서 《논어》가 탄생한 배경을 알아가는 재미가 쏠쏠하다. 그 당시에는 어떻게 배웠는지 궁금하여 춘추전국시대 교육기관을 인터넷에서 찾아보니 위키문헌에 춘추전국시대의 교육을 설명하는 내용이 있다.

춘추전국시대라는 시대적 배경이 교육에도 큰 영향을 미쳤다고 말한다. 주나라의 왕실이 쇠약해지면서 중앙집권체제가 무너지고 사회가 극도의 혼란에 빠졌고 오히려 제후들의 세력이 강해지면서 기존 문화와 사상도 더불어 지배력을 상실했다는 설명이다. 지식과 교육을 독점했던 귀족계급이 몰락하면서 관학이 붕괴되었고, 제후들은 세력신장을 위해 유능한 지식인을 필요로 하여 사학의 발전을 자극했다는 것이다. 이러한 상황 속에서 새로운 지식인들이 사회의 혼란을 타개하기 위한 사상을 적극적으로 표현했고, 그중 하나가 공자의 학파 유가라는 것이다. 유가의 '유(儒)'는 6예[禮·樂·射·御·書·數]를 익히고 가르치는 사람을 의미하는데, 이 부분이 공자의 중요한 업적인 직업교육자를 만든 것이란다. 신분으로서 선비[士]가 아니라 가르치는 직업으로서 선비[士]를 처음 만든 것이다. 공자의 학교에서 6예를 익혀서 가르치는 제자는 72명이나 되었다고 한다.

생각해보면 춘추전국시대와 같은 상황에서는 배움에 대한 욕구가 많았을 것 같다. 천자(天子)의 나라라고 불리며 강력한 힘을 발휘하던 주나라가 점차 힘을 잃어 슬하의 제후들에게 땅을 떼어주며 지역 통치권을 내주었을 때 제후국들이 주나라를 섬기면서 서로 눈치 보며 세력을 키우던 때가 춘추시대다. 강성해진 제후국들은 점차 주변 제후국과의 견제가 많아지면서 모

생각의 프레임을 바꾸다

시던 주나라는 잊고 패권을 장악하기 위해 격렬하게 싸우는 혼란의 전국시대를 맞은 것이다. 싸움에는 군사력도 필요하지만 전략도 필요하고 통치를 위한 사상도 필요했을 것이다.

사람들도 시끌시끌한 세상의 답을 찾고자 했을 것이다. 당시의 관학은 지배층의 교육을 담당했다고 하니 일반인들에게 열려 있는 교육기관은 아니었을 것이다. 교육의 기회가 없던 일반인들에게 문을 열어준 공자의 학교는 어떻게 살아야 하는지를 배우고자 찾는 사람이 많았을 것이고 그 수가 마을을 형성하고도 남을 만큼 커지면서 사립학교 수준이 되었을 것이다.

공자 이후의 묵자, 순자 등 사상가들도 같은 방식으로 열린 사학을 운영했을 것이다. 이렇게 하여 많은 사상가(諸子)들은 학파를 이루게 되고, 이것이 곧 백가(百家)가 된 것이다.

공자가 가르치던 교당. 그곳에 문을 열고 들어가는 상상을 해본다. 그곳에서 배우는 《논어》 속 가르침을 상상하니 왠지 모를 낮은 흥분이 느껴진다.

'아! 《논어》를 읽고 싶다!'

《논어》의 본문을 펼친다. 드디어 《논어》다!

첫 번째 문장은 그 유명한 '학이시습지 불역열호(學而時習之

不亦說乎)'다. 학창 시절 한문 수업에서 배운 기억이 난다. 배울 학(學)과 말 이을 이(而)가 획수 차이가 커서 어떻게 글자를 써도 한글처럼 정갈하게 크기가 맞춰지지 않았던 기억이 어렴풋이 난다.

《군자를 버린 논어》는 현대에 맞춘 해석이어서인지 지금 들어도 허를 찌르는 조언을 한다.

높은 직위로 올라가지 못할까 걱정하지 말고 그 자리에 올라가면 제대로 해낼 수 있는 능력이 있는지를 먼저 생각하고 알아주는 이 없을까 우려하지 말고 남이 알아줄 만한 것이 자기 안에 있는지를 찾으라는 것(이인편), 사람들은 친해질수록 '친해졌으니까'라는 빌미로 상대방에게 일상의 지친 감정을 거침없이 쏟아내며 이해하고 수용하도록 요구하는데 오래되고 편한 관계에서도 상대방을 존중할 수 있는 만큼의 거리를 챙겨야 한다는 것(공야장편), 인생에서 시기별로 조심할 것이 있는데 젊어서는 혈기가 안정되지 않으므로 색을 경계하고 장년에는 혈기가 한창이므로 싸움을 경계하고 노년에는 혈기가 쇠약해져서 무언가 손에 쥐려고 하는데 그 욕심을 경계해야 한다며 "내가 이 나이에 무슨 욕심이 있겠느냐?"라고 하셨던 어르신들의 말씀은 다시 생각해보아야 한다는 것(계씨편), 자기가 바라는 것으로 미루어 다른 사람이 원하는 것을 유추하고 그것을 이루도록 도와줄 수 있다면 그것이 사람다움을 행하는 방법이라는 것(옹야편), 다른 사람이 무언가 빌려 달라고 할 때 자기에게 없다고 굳이 다른 사람에게 빌려서까지 구해주는 등 너무 과한 친절은 오히려 정직한 것이 아닌데 지금은 '착한 사람'이라는 것이 왜곡되어 있다는 것(공야장편), 실수는 누구나 할 수 있지만 주저 없이 고치는 것은 아무나 못하니 실수하거든 곧장 고치도록 노력하여 고치는 습관을 들이라는 것(학이편), 윗사람이 잘못하는 것을 너무 자주 지적하면 된통 당하는 일이 생기고 친구에게도 너무 자주 충고하면 멀어진다는 것(이인편)…….

마지막 문장에 눈에 띄는 한자가 있다. 셈 수(數)……. '윗사람에게 자주 지적하면'이라는 부분의 한자가 사군 '삭(數)'이라고 적혀 있고, '친구에게 자주 충고하면' 부분에도 붕우 '삭(數)'을 쓴 것 보면 '자주'라는 의미로 쓰고 있는 것 같다.

셈 수(數) 자에 이런 뜻이 있었나? 아니면 세야 할 정도로 많다는 의미로 의역을 한 것일까?

인터넷의 한자사전을 열어 셈 수(數)를 검색해본다.

셈 수(數)는 '자주 삭', '촘촘할 촉'이라고 쓰인단다!

'삭····· 촉······.'

생소하다. 수학(數學)이라는 과목을 십수 년간 봐 와서인지 '수'가 아닌 음으로 읽힌다는 것이 낯설다.

한자 예문을 들여다보니 '삭'이라고 쓰인 것이 많지는 않다. 쓰임이 흔하지는 않은가 보다.

'다언삭궁(多言數窮)'이라는 예문이 눈에 들어온다.

말이 많으면 자주 궁지에 몰린다는 뜻이라고 설명이 나오는 것을 보니, 《논어》의 문장과 뜻이 통한다. 어쩐지 《논어》와 비슷한 시대의 분위기가 물씬 난다.

다시 인터넷에서 '다언삭궁'을 찾아보니, 노자의 《도덕경》 5장에 나오는 '다언삭궁(多言數窮) 불여수중(不如守中)' 문장에서 나온 것이란다. 풀이가 어렵지 않다. 말이 많으면[多言] 자주 궁지에 몰리니[數窮] 가슴에 담아 두는[守中] 것만 못하다[不如]는 뜻이라고 한다.

'아무 말 안 하면 중간은 간다'는 말이 노자에서 시작된 말이었는가 보다. 공자가 노자에게 배우면서 노자의 영향을 많이 받아 유사한 가르침이 나오는 것 같다.

익숙한 한자에 몰랐던 뜻과 음이 있다는 것을 알게 되어 흥미롭다.

"셈 수 자에 이런 뜻이 있었네."

"공자가 망한 나라의 왕족이었는데 어릴 때 형편이 어려워 아르바이트를 많이 했었대."

"오, 제자가 삼천 명이나 되었대!"

신기하고 흥미로운 것은 왜 말해주고 싶을까? 책을 읽으며 남편에게 계속 말해준다.

"그 책이 재미있나 보네?"

"응! 의외로 재미있네. 기대 이상이야."

생각보다 흥미진진한 공자님 말씀과 한자 여행이 흥미로워 재미있다고 하니 남편이 갸우뚱한다. 《논어》가 재미있는 책이라는 것보다는 《논어》를 재미있게 보는 법을 찾았다는 것이 맞을 것 같다.

《논어》는, 새겨 두었다가 가끔 꺼내어 보고 싶은 영양이 되는 이야기를 전해준다.

본성 자체는 사람마다 차이가 없고 습관이 엄청난 차이를 만들고 나이가 들면 습관은 더 굳어져 마치 천성처럼 된다는 것 (양화편), 멀리 내다보는 생각이 없으면 반드시 눈앞에 걱정거리가 생기게 된다는 것(위령공편), 다른 사람이 옳지 못하다고 하여 너무 질색하면 사단이 난다는 것(태백편), 지식을 쌓기만 하고 자기의 생각이 없으면 고학력 앵무새가 되고 자기 생각만 있고 제대로 배우려 하지 않으면 사람 잡는 선무당이라는 것(위정편), 빨리 이루고자 하면 오히려 도달하기 어렵다는 것(자로편), 자리를 잃을까 두려워하면 못 하는 짓이 없게 된다는 것(양화편), 나라가 정상적으로 운영되지 않아 권력이 제후의 손에 있

생각의 프레임을 바꾸다

으면 10대 안에 나라가 망하고 대부의 손에 있으면 5대 안에 망하며 가신의 손에 있으면 3대를 넘기지 못한다는 것(계씨편), 군사가 수만이라도 그 장군을 빼앗을 수 있지만 평범한 사람이라도 그의 생각과 의지는 빼앗을 수 없다는 것(자한편), 겨울이 온 뒤에 소나무와 잣나무가 오래도록 푸르다는 것은 알게 된다는 것(자한편)…….

여기서 마지막 이야기는 김정희의 〈세한도〉 주제가 된 문장이라고 한다.

'세한도가 논어에서 나온 제목이었다고?'

스마트폰을 열어 '세한도'를 검색해보니 국보 180호란다. 〈세한도〉는 김정희가 정치적 사건에 연루되어 제주도에서 유배 생활을 할 때 그린 것이라고 한다. 김정희의 제자 중 청나라에 출장 가는 사신들의 통역관으로 일하던 이상적이라는 자가 오랜 시일에 걸쳐 북경에서 어렵게 구한 120권의 책을 권력의 실세들에게 갖다 바치지 않고 두 번이나 거듭하여 자신에게 가져다준 마음이 고마워 화답으로 쓴 편지가 그림 옆에 적혀 있다.

〈세한도〉의 발문에서 김정희는 사마천의 말처럼 권세나 이

익이 바닥나면 그 교제가 멀어지는 법인데도 불구하고 세속의 풍조와 달리 자신을 권세나 재력의 잣대로 대하지 않고 유배 전이나 후나 변함없이 대하는 이상적의 굳은 마음에 무척 감탄했다는 내용을 적었다고 한다.

이때 많은 제자들이 권력이 사라진 스승을 찾지 않는 반면 변함없이 자신을 대하는 이상적의 지조를 《논어》의 〈자한편〉에서 인용했는데, '자왈, 세한연후 지송백지후조야(子曰 歲寒然後 知松栢之後凋也)', 즉 추운 겨울〔歲寒〕이 온 후에야〔然後〕 소나무와 전나무가〔松栢之〕 늦게 시드는 것을〔後凋〕 안다〔知〕는 문장에서 제목을 따왔다는 것이다.

이상적은 이 그림편지를 받은 후 청나라 16명의 문인들과 조선 3명의 문인들에게 보여주고 댓글을 받았는데, 이 댓글을 통해 〈세한도〉의 가치가 더 높아졌다고 한다. 작품 자체의 가치도 훌륭하겠지만, 국내외 문인들의 의견이 덧붙여져 가치가 높아졌다는 것이 뭉클하다. 작품을 목적으로 한 것이 아닌 글그림에도 감탄할 줄 알고, 여러 사람의 감탄이 더해져 작품의 가치를 배가시켰다는 것이 저 홀로 훌륭한 것보다 얼마나 아름다운가!

　《군자를 버린 논어》를 읽다가 더 많은 논어를 만났다. 공자가 왜 이런 말을 했을까 궁금하면 틈틈이 스마트폰을 꺼내어 유튜브에 공개된 논어 동영상 강의를 봤다. 왜 논어는 '예수님이 가라사대'와 같이 '자왈, 자왈' 하는지 궁금하면 《도올 논어》를 읽었다. 공자가 노자나 장자와 비슷한 말을 한 것을 보면 다시 《도덕경》을 읽었다.

　《논어》를 다르게 읽고 다르게 배워보니 더 풍부해졌다.

　가족과 부여로 여행 갔을 때의 일이다. 백제에서 가장 영화로운 왕조가 머물렀던 부여는 곳곳에 그 흔적이 있었다. 아침 식사 후에 산책할 겸 들른 백제문화단지에서 해가 지도록 구경을 했다. 그 시대에 대한 이해를 돕기 위해 재현한 공간이어서 유물과 유적은 아니지만 볼거리가 많았다. 서울에 있었을 위례 성도 민가까지 재현되어 있어서 백성부터 지배층과 왕족까지 성안에서 어떤 모습으로 살았을지 상상할 수 있었다. 백제의 힘 이 약해져 급히 공주로 천도했다가 왕권이 안정된 후 다시 부여 에 정착했을 때 축조한 사비성도 재현되어 있었다.

느릿느릿 구경하며 백제 생활을 상상하던 중에, 눈에 들어 온 것이 있었다. 학습용으로 만든 죽간이었다.

죽간에 대한 설명이 있다. 대나무는 가볍고 세로로 잘게 쪼 개지는 성질이 있어 글을 쓰기에 유용했다고 설명되어 있다. 한 자어인 책(冊)도 원래 여러 개의 죽간을 끈으로 연결해놓은 모 습을 본뜬 것이란다. 죽간은 한눈에 보아도 많은 글자를 쓰기 어려웠을 것으로 보인다.

방문객들이 백제의 왕조를 쉽게 이해할 수 있도록 만든 학 습용 죽간에는 왕들의 이야기가 기록되어 있었는데, 여러 개의 죽간에 나누어 쓰여 있었다. 첫 번째 죽간에는 주몽이 유리왕을 후임으로 정하면서 둘째 아들 비류와 셋째 아들 온조가 살 궁리 를 하느라 남쪽으로 내려와 나라를 세우게 된 이야기로 시작하여 초고왕까지의 내용이 적혀 있다. 구수왕부터는 2권에 기록되어 있다.

'아, 이런 거구나!'

《논어》도 이런 방식으로 여러 죽간에 나누어 쓰면서 죽간별로 첫 두어 글자를 제목으로 쓰게 된 것이다.

생각의 프레임을 바꾸다

나를 만나다

오두막 편지

←┤○─〈◇〉─○├→

주말 아침, 모처럼 한가로이 커피를 마신다.

한동안 공사가 다망하여 주말도 여유롭게 보내지 못했다. 피로가 크레이프 케이크처럼 켜켜이 쌓여 몸 여기저기가 쑤셔 이번 주말에는 아무 일정도 잡지 않았다.

식탁에 앉아 한두 모금 마시다 보니 이 커피가 이런 맛이었 구나 싶다. 평화로운 주말에 시간을 내려놓고 마시니, 유명하다 는 카페에서 마시는 이름난 커피보다 더 맛있다. 이렇게 마시는 커피라면 몸에 나쁠 것도 없을 것 같다.

바쁜 시간도 내가 만든 것이고 한가로운 시간도 내가 만드 는 것일 텐데, 나는 왜 쉬어 가라는 주말조차 없이 지냈을까? 반 성인지 후회인지 모를 중얼거림에도 한가함이 묻어 있다. 내친 김에 오랜만에 책도 읽어볼까 하며 책장을 기웃거린다.

오래된 책을 보고 싶다. 뽀얀 햇살 탓에 먼지가 더 선명하게 보이는 건지, 오래된 책들이 꽂혀 있는 책장 속 책들은 윗부분이 마치 집을 몇 달 비웠다가 돌아온 듯한 뽀연 먼지로 덮여 있다.

손이 간 지 오래된 책들을 보다가 그만, 마음속 평화를 깨우는 책을 발견했다.

'이 책이 아직 있었구나……!'

법정 스님의 《오두막 편지》다. 주인이 있는 책이어서 진작 돌려주었어야 했는데 죄책감이 밀려온다. 먼지가 덮고 있던 시간들과 함께.

이 책을 만난 것은 7년 전의 일이다. 허리가 아픈 지 꽤 되었는데도 제대로 치료받지 못한 채로 시간이 흘러 그만 디스크가 심해져 입원을 하게 되었다. 처음엔 허리만 아프던 것이 언제부터인가 허벅지에서도 통증이 느껴졌고 통증이 발까지 내려와 걸을 수가 없는 지경에 이르렀다. 하루에 한두 번이던 하반신 통증이 걸을 때마다 이내 '악' 소리가 나는 고통으로 밀려오고 숨을 들이쉬는 것조차 등허리에 통증이 되어 결국 입원하게 된 것이다.

후회가 밀려왔다. '왜 이렇게 몸이 망가질 때까지 두었을까……. 무엇을 위해 일을 한 것일까…….' 마치 직장 생활이 범인이기라도 한 것처럼 원망했다.

가족과 떨어져 지내야 하는 병실은, 따듯해도 포근하지 않았다.

엄마와 떨어지기 싫은 껌딱지 딸이 주말이면 아빠를 졸라 하루 종일 병실에 와 있다시피 하는 것이 고맙기도 하고 미안하기도 했다. 무언가 해야만 할 것 같은데 누워만 있는 것도 이상했다. 이런저런 생각을 떨치려 옆으로 누우려고 움직이면 이내 "아아악!" 비명이 나왔다. 모든 움직임이 통증이었다.

"움직이지 마세요!"

주치의는 당분간 꼼짝도 하지 말라고 주의를 주고 거침없이 침을 놓고 나갔다.

며칠이 가고, 점차 아무것도 하지 않는 병원 생활에 익숙해졌다. 먹고 치료받고 먹고 자는 것이 일상이 되었고 분주하던 삶의 속도와 무게는 희미해졌다. 옆 병상의 할머니가 말을 건네주시거나 음식을 권할 때가 가장 힘을 낼 때였다.

옆 병상의 할머니는 찾아오는 방문객이 많았다. 그리고 하나같이 진귀한 먹거리를 들고 오셨다. 할머니의 입맛을 회복시켜줄 맛난 이름난 음식도 있었고 이국적인 요리도 있었다.

한 번은 할머니와 동갑내기 친구인 듯한 방문객이 직접 찰밥을 만들어 오셨다. 인정 많은 할머니와 친구분은 내게도 그 따뜻한 찰밥을 나누어주시며, "먹어봐, 집에서 만든 거라 다르다니까" 하셨다. 정말 맛있었다! 두 분은 옛날이야기를 나누다가 가끔 내 쪽을 보며 "글쎄 이 사람이 옛날에 유명 인사였다니까" 하시며 그 대화에 내가 원래 동행하고 있던 것처럼 대하셨다. 짧은 답변뿐인 어설픈 동행에도 불구하고 할머니의 지인은 매번 병문안에 내 몫까지 챙겨 오셨다.

그러던 어느 날 물리치료를 받고 병실에 돌아오니 쇼핑백이 메모와 함께 놓여 있었다.

"나도 어렵게 구한 것이라 줄 수는 없고, 읽고 꼭 돌려줘요."

법정 스님의 《오두막 편지》와 직접 지은 찰밥이었다.

일전에 법정 스님의 책이 없는데 이제 살 수도 없게 되어 아쉽다고 말한 것을 기억하시고 빌려주신 것이다.

20여 년 전 《무소유》를 읽으며 처음 인연이 된 법정 스님의 글을, 말로는 좋아한다, 글이 참 좋다고 하면서도 딱히 더 읽은 책이 없었다. 그러던 중 스님의 입적과 함께 스님의 글들도 열반에 오르게 된 것이다. 어렵게 만난 《오두막 편지》를 두 손으로 꼭 끌어안았다.

나를 만나다

정성스럽게 표지를 넘기다가 흠칫 놀랐다. 법정 스님의 친필이다. 추억이 깃든 책을 빌려주신 것이다.

'이렇게 소중한 책을……'

표지를 넘겨본다. 책을 시작하는 간지에 작은 글씨로 적혀있는 저자의 인사말이 눈에 띈다.

이 책의 글들은 법정 스님이 산골의 오두막에서 홀로 지내며 쓴 것이라며, 이 책을 대하는 사람마다 마음에 위로와 평안을 얻었으면 한다는 짤막한 인사다.

'위로…… 평안……'

아픈 배를 달래주는 엄마 손처럼 따뜻한 인사말에 마음이

녹는다. 입원 후에 줄곧 '왜 이렇게까지 되었을까?' 하며 현실을 받아들이지 못해 편치 않았던 마음이 위로를 받는 듯했다. 한마디 한 마디가 소중하게 느껴졌다. 빠르게 읽으면 놓칠세라 천천히 눈에 담듯이 한 줄 한 줄 읽어 내려간다.

법정 스님의 《오두막 편지》는 스님이 살던 오두막을 보수하는 이야기로 시작한다.

'직접 짓고 사셨구나…….'

지난겨울 방에 불이 들지 않아 고생을 했다며, 봄이 되자마자 성실한 일꾼과 함께 흙방을 만드는 이야기다. 스님이 고생한 경험과 흙방은 처음이지만 이해가 빠른 일꾼의 솜씨가 만나 지어진 한 평 남짓한 방에 제대로 불이 들었을 때 손뼉을 쳤다는 이야기에 절로 미소가 나온다.

내 집을 직접 지어서 살고 싶다는 생각을 해본 적이 있기는 하지만, 이것저것 생각하다 실천할 날이 있을까 싶은 생각 속의 생각일 뿐이다. 한데 스님의 살 방을 직접 지었다는 이야기를 들으니 내심 그 실천력에 감탄이 흘러나온다.

스님은, 오두막을 지을 때 방바닥을 흙으로만 바를 뿐 시멘트로 깔끔하고 평평하게 마무리하지 않았다고 한다. 흙만 바른

294

방바닥은 우툴두툴한 것이 질박하고 수수하여 좋다고 한다. 요즘은 어디나 미끈하고 반짝거리고 화려한 공간이 많은데 그것이 보기에는 좋겠지만 두부 모처럼 획일화되어 가는 것이 안타깝다는 것이다.

방에 방석 한 장 깔고 앉으니 새로 중이 된 것 같다는 소감에도 연신 미소가 지어진다. 책을 읽고 있는데 어쩐지 법정 스님이 이야기를 들려주는 것같이 느껴지고 재미지다.

옆 병실의 환자가 심심하여 들렀다가, 병원에서 웃을 일이 뭐가 있냐며 같이 웃자고 한다.

스님의 언어에는 묘한 힘이 있다. '새벽비가 개울물에 실려 조용히 내린다'는 글을 읽다 보면 졸졸졸 흐르는 물에 비가 내려앉는 소리가 들리는 것 같고, '달빛에서도 향기가 나더라'는 제목을 보면 정말 무슨 향기가 나는 것 같다.

어느 달이 좋던 날 밤에 스님이 자리에 누웠다가, 방 안에 들어온 달빛이 베개 위에도 내려와 그 달빛을 베고 누워 중천의 달을 바라보니 달빛에서 향기가 나더란다.

도시에서는 달 보기가 쉽지 않다. 고층 빌딩들이 서로의 하늘을 가리고 있어 고개를 들고 자리를 옮기며 달이 보이는 곳을 찾아다녀야 한다. 그런 달을 방 안에 누워 문을 열고 본다니!

스님은, 강이나 산, 바람과 달은 주인이 따로 없고 마음이 한가로운 사람의 것이란다. 그리고 이런 밤에는 따로 배우고 익히지 말고 달놀이를 해야 한단다. 달 아래 어정거리기만 해도 마음이 가득 넘치며, 좋은 달빛은 늘 있는 것이 아니므로 모처럼 달님이 뜰에 온 날에는 경전을 펼쳐 들면 달님에게 실례라는 것이다.

반듯하여 계획한 대로 하지 융통성을 발휘할 것 같지 않은 선입견이 사라지는 순간이다.

드르륵 병실 문이 열린다. 침 맞을 시간이란다. 뾰족한 것은 다 무서워서, 실제로 얼마나 아프건 간에 침이 들어갈 때는 '아이고! 아! 헉!' 소리가 난다. 주치의는 침도 잘 맞아야 빨리 낫는다며 거침없이 놓고 이대로 가만히 있으라 하고 자리를 비운다.

침을 맞을 때마다 결심이 더 굳어진다. 이번에 잘 치료하고 나면 앞으로는 운동도 열심히 하고 자세도 바르게 하여 절대로 아프지 않겠다고.

언제 다시 왔는지 주치의가 허리에서 침을 뽑고 있다. 침은 무섭다면서도 맞다가 잠이 들었나 보다.

침과 한 차례 실랑이를 하고 나서, 누운 채로 다시 책을 편다. 책은, 마치 독자가 환자인 것을 알기라도 하듯 현대인들이 왜 아프게 되었는지를 말한다.

　세상을 살아가면서 가장 중요한 것은 무엇보다도 마음의
고요와 평화라는 것, 흙을 일구며 농사짓고 살던 시절에는 자연
의 소리를 들으며 그 질서 안에서 넘치지 않게 살 수 있었으나
언제부턴가 사람보다 물질을 중요시하고 있다는 것, 양계장처
럼 켜켜이 올려놓은 아파트라는 주거 형태는 생명의 근원이 흙
에 없고 허공에 매달려 사는 것이라 생활이 건강하기 어려운데
사람은 흙에서 멀어질수록 병원과 가까워진다는 것, 오늘날은
자동차와 속도에 길들여져 '걸음'을 잃어가고 있다는 것, 걸음은
그 속에 건강과 사색, 즐거움, 안목을 가지고 있는데 심지어 여
행을 가서도 계획한 대로 주요 포스트만 찍고 오느라 자아발견
이나 탐구는 없고 자랑거리와 카드청구서만 가지고 온다는 것,
일 년에 한두 번 있을까 말까 한 꽃구경도 달리는 말에서 산천
을 구경하는 격으로 대충 하는 것을 보면 안타깝다는 것, 어둠
이 내리기 전 석양이 그려준 산자락과 능선의 아름다움과 어둠
이 내려 산의 윤곽이 검게 굳어지며 초승달이 또렷하게 드러나
는 아름다움과 신비는 우리가 한 생애에서 몇 번이나 바라볼 수
있는 것이 아니므로 놓치지 말라는 것, 사람들은 머리의 회전을
과신한 나머지 가슴을 잃어가고 있으며 가슴이 식어버린 문명

은 병든 것이라는 것, 건성으로 스쳐 지나가지 말고 차분한 마음으로 꽃잎을 보면서 꽃술 하나하나 살펴보고 꽃향기도 들어보라는 것(聞香), 인간의 인식능력인 감성이 마비되면 온전한 인간일 수가 없다는 것, 자기관리를 제대로 하려면 외부의 소리에 정신 팔릴 것이 아니라 자기 안의 소리에 귀를 기울여야 한다는 것.

말들이 흘러가지 않고 맴돈다.
'감성이 마비되면 온전한 인간일 수가 없다……'
어느 해인가 무덥던 여름에 여러 프로젝트를 한꺼번에 하면서 숨 가쁜 하루하루를 살았다. 자연과 교감하는 시간 같은 것은 생각할 수도 없다고 느꼈다. 버겁던 여러 프로젝트를 마치고 정신을 차려보니 겨울이 되어 있었다. 말도 안 돼! 가을을 잃어버렸다. 그때, 아침 새소리도, 여름 장마가 우산 위를 파고드는 소리도, 가을 낙엽이 사사삭거리며 떨어지는 소리도 다 잃어버렸다고 생각하니 무게를 알 수 없는 한숨과 안타까움이 밀려왔던 것이 떠오른다.

'자기 안의 소리에 귀를 기울여라……'
평소에 들리는 소리는 온통 외부의 소리다. 휴대폰 울리는

나를 만나다

소리, 통화하는 소리, 지하철의 안내방송, 길 위에는 차들의 경적 소리와 바쁜 사람들의 부산한 움직임 소리, 길거리 숍에서 들려오는 K팝 음악 소리, 식당과 카페에서 이야기꽃을 피우는 소리……. 공간을 채우는 수많은 소리들의 데시벨이 높아, 웬만해서는 그 속에서 내 안의 소리에 집중하기 쉽지 않다.

데시벨이 높은 소리만 크게 들리는 것은 아니다.

친구와 속이 상해 술잔 비우는 소리, 견디기 힘든 외로움이 밀어내는 한숨 소리, 알아주지 않는다며 단단히 삐쳐서 말 한마디 건네지 않는 부부의 차가운 침묵의 소리, 원망의 소리, 말하지 않는 소리, 말하지 못하고 야속해만 하는 소리……, 마음을 더 오래도록 무겁게 하는 '소리 없는 소리'들도 많다.

어쩌면 주변의 소리에 귀 기울이느라 자기와 대화하는 법을 잊어가고 있는지도 모른다. 사회의 요구에 응하느라 자신을 살필 겨를이 없다. 세상의 속도에 발맞추느라 주변을 돌아볼 겨를이 없다. 주변의 소음에 귀가 점령되어 자기 안의 소리를 들을 수 없다. 생각해보면 마음이 원하는 것이 무엇이고, 몸의 충전을 위해 필요한 것이 무엇인지, 정신은 무엇에 이끌려가면서 괴로워했는지 귀 기울여본 적이 까마득하다. 내 인생에 '나'는 없고, 일과 직장이 최우선순위가 되어 있었다.

신기하게도 책은, 그렇게 살더니 아플 줄 알았다는 듯, 함께 성찰하고 토닥거려주는 이야기를 한다.

자기관리가 소홀하면 자칫 주책을 떨거나 자기도취에 빠지기 쉽고 자신의 처지와 분수를 망각하고 나설 자리 안 나설 자리 가리지 못하게 된다는 것, 지난 일들을 망각의 체에 걸러 잊혀지도록 두지 말고 스스로 의지를 갖고 소화해야 새로운 눈이 열리고 귀가 트여 교훈을 얻게 되고 어리석은 반복을 하지 않게 된다는 것, 무상하다는 말은 '항상'이 아니라는 의미로 고정되어 있지 않고 변한다는 뜻이며 지난 세월을 아쉬워할 게 아니라 오는 세월을 유용하게 쓸 줄 아는 지혜를 터득해야 한다는 것, 수피즘의 우화에 나오는 강물이 세상을 돌아다니다가 사막을 만났을 때 바람에 자신을 증발시켜서 바다 위에 비로 뿌려지도록 해서야 바다로 갈 수 있었듯이 타성을 벗어나 스스로 비약을 거치지 않으면 장애물에 걸려 근원에 도달할 수 없다는 것, 진정한 배움은 이론을 통해서가 아니라 몸소 겪음에서 이루어지는데 실패가 없으면 마음의 눈이 열리기가 어려우니 실패와 좌절을 절대 겪지 않겠다고 생각하지 말라는 것, 〈별〉이라는 작품으로 유명한 알퐁스 도데의 〈황금 뇌를 가진 사나이〉를 보면 뇌 속에 황금 든 것을 알고 낭비하거나 소중히 지키지 못한 주인공이 결국 파국을 맞는 이야기의 마지막 부분 '세상에는 하찮은 것을 위해 자신의 소중한 황금을 마구 낭비하는 불쌍한 사람들이 많다. 그 하찮은 것들로 인해 하루하루 고통 속에 살다가 처참한 죽음을 맞는다'는 걸 새겨들으라는 것…….

묘한 느낌이다. 책을 읽을수록 온통 나에게 하는 말 같다. 마치 나를 잘 아는 멘토가 그동안 어떻게 지냈는지 훤히 내다보며 지금 스스로에게 질문을 던져야 할 주제가 무엇인지를 찾도록 도와주는 듯하다.

시간 관리에 대한 부분에선 뭔가 들킨 것처럼 마음이 찔렸다. 스님은 언젠가 평소와 다른 일상을 살아볼 기회가 있었는데 마침 시계 건전지가 다 소모되어 자연의 흐름에 따라 살아보았다고 한다. 평소에는 시간이 되었으니 밥을 먹고 시간이 되었으니 잠을 잤다면 시계가 멈춘 후로 배가 고파야 끼니를 챙기고 눈꺼풀이 무겁게 내려온 후에 잠자리에 들었단다. '자연스럽게' 살아본 것이다. 사람들이 시계에 의존하면서부터 늘 시간에 쫓기면서 살았는데, 돌이켜 보면 이것이 스스로 자주적인 삶을 살지 못하고 시간의 노예가 된 것이라며 시간에 대한 관념에서 벗어나 시곗바늘에 의존하지 않으면 초조하지 않고 오히려 순간순간을 더 알차게 보낼 수 있단다.

나를 만나다

어릴 적 방학 생활계획표를 만들 때에는 한 시간 단위로 나누어 계획했던 것이 사회 생활을 하면서는 30분 단위로 할 일을 계획하다가, 최근 몇 년 사이 시간을 더 작게 나누어 15분 단위로 쪼개어 관리하고 있었다. 그리고 그렇게 시간 관리를 잘 하는 것을 무척 자랑스럽게 느끼고 있었던 터다.

책은 왜 그렇게 사냐고 말한다. 왜 굳이 스스로 시간의 노예가 되어가고 있느냐고. 시간을 더 작은 단위로 쪼개어 쓰는 것을 시간을 잘 다스리는 것이라고 생각했는데, 호되게 한방 얻어맞은 기분이다. 생각해보면 그렇게 빼곡하게 살던 생활은 숨이 가빴다. 입원 후의 생활은 오히려 자연의 흐름에 따르고 있었다. 시간이 되었으니 무언가 해야 하는 것은 다 의사와 간호사들의 몫으로 넘겼고 아프면 눕고 졸리면 자고 심심하면 켜 있는 TV로 눈을 돌려 보며 바쁠 것 없이 지냈다. 얼마나 자연스러운가! 왜 아프기 전에는 이러한 시간을 갖지 못했을까. 누가 뭐라고 하는 것도 아닌데 왜 그리 서둘렀을까.

책을 한 장 한 장 넘길 때마다 지난 시간의 한 페이지가 펼쳐져 그때의 나를 대면하는 듯했다. 책을 읽는 동안 내가 만난 것은 과거의 후회스러운 내가 아니라 내 마음속의 나였다. 그때의

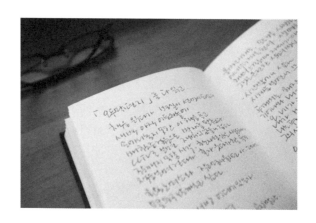

나에게 필요했던 것이 무엇이었는지를 들여다보게 된 것이다.

《오두막 편지》의 마지막 장을 덮었다. 책을 보는 내내 얼굴 근육이 저절로 움직였다. 병실에서는 처음인 듯한 환한 미소가 지어지기도 하고 작고 멀리 울리던 탄성과 함께 눈꺼풀이 낮아지고 깊은 생각에 잠기기도 했다.

책을 주인에게 반납하기 전에 행복한 순간을 선물해준 문구를 남겨두고 싶어 노트에 옮겨 적는다.

새벽. 아직 하늘이 어두운데, 손에서 다 읽은 책을 내려놓지 못한다. 책의 여운이 진하여 아직도 책의 말이 느껴지고 몸의 자세가 곧아지고 마음이 단단해진다. 아무도 깨지 않은 시각, 조용히 자리에서 일어나 아픈 허리를 지탱해줄 코어근육을 만들어보겠다는 듯 배에 힘을 주며 병실 복도를 걷는다.

매일 저녁 다음날 할 일을 빼곡하게 적던 프랭클린다이어리도, 그 많던 '할 일'도 무게감을 잃었다. 나를 만나, 내 마음과 몸이 말하는 것을 들었다. 내 삶에 가장 중요한 지시를 내리던 업무 다이어리도, 그 많던 '할 일'들도 이곳 생활에서는 맥을 못 추고 있었다.

무엇 때문에 이렇게 된 것인지 핑계를 찾기보다는 제대로 치료하는 것이 중요하다는 생각을 하게 되었다. 의사가 낫게 해 주는 것도 있겠지만 스스로 노력해야 제대로 회복할 수 있겠다는 바른 생각도 하게 되었다. 병실이기 때문에 할 수 있는 것을 최대한 활용해보기로 생각이 바뀌었다.

'잘' 회복하여 다시는 아프지 말자는 생각에 치료도 적극적으로 받기 시작했다.

의사가 '오늘은 어때요?'라고 물을 때 '아파요'보다 명확하게 설명하기 위해 통증 다이어리를 썼다.

매일 아침에 솜씨 없는 그림으로 하반신을 그리고 통증 부위를 표시하고 숫자로 통증의 강도를 적어두었다. 처음 그린 하반신과 통증 부위 표시를 보았을 때 의사는 섬뜩해하는 듯했다.

음식도 병원 식사에 충실했다. 입맛을 잃어 고생하시는 옆 병상의 할머니를 위해 환갑을 앞둔 아드님이 '세상에서 가장 맛있는' 먹거리를 사와서 나누어주시면 '세상에 하나뿐인 맛'을 포기할 수 없어 맛을 볼 뿐 가급적 외부 음식을 삼갔다.

병원은 해가 지기 전에 저녁 식사를 준다. 이른 식사를 하고 초저녁에 잠을 청하니 푹 자고 일어나도 아직 해가 뜨기 전이었다. 그저 병원에서 시키는 대로 하고 적극적으로 치료에 임하자 회복에도 진척이 있었다.

저녁 뉴스가 시작될 무렵 잠이 들고 개운해진 몸은 더 누워 있을 필요가 없다는 듯 잠이 깼다. 제법 친해진 간호사가 준 커피믹스를 타 와서 창문을 향해 앉으면 아직 동이 트기 전이었다. 모두 잠든 새벽 오롯이 홀로 느낄 수 있는 시간이었다. 내 안의 소리에 집중할 수 있는.

거실 창으로 한낮의 햇살이 밀려온다.

뿌연 먼지가 덮어버린 것이 책인지 시간인지 모르겠다. 먼지

쌓인 책이 데려간 시간은 마치 오래된 영화처럼 마음을 울린다.

　이 책을 빌려주신 분을 그 후 뵙지 못했다. 퇴원 후 활동을 자제했어야 해서, 몇 번을 찾아뵈려 했으나 마음뿐이었다. 이 '소중한' 책을 돌려드리지 못한 죄책감이 남아 있다.

　책 주인 할머니께 연락을 드려야겠다.

책 이야기를 듣다가
책 속에 없는 다른 세상을 발견한다

책에 몰입하게 되면 문득문득 무한한 잠재력을 가진 자신을 발견한다. 원래부터 그 분야에 관심이 많았고 그걸 전공했다면 큰 인물이 되었을지도 모른다는 생각이 들기도 한다. 안도타다오의 책을 읽다 보면 '원래 건축에 관심이 많았어. 잘 설계된 건축을 보고 이렇게 설레는 걸 보면 건축을 했다면 잘했을지도 몰라' 하는 생각이 들었다.

《침묵의 봄》을 읽으면서는 '자연생태계가 이렇게 신비로운 것이었네. 왜 생물 과목에 흥미를 갖지 않았을까?' 하고, 《논어》를 읽다 보면 한자를 풀어서 해석하는 것이 신기하고 좋아 학창시절 한자 섞인 고문학을 좋아했었던 것을 기억해내며 입시지옥에 빠져 그 흥미를 잃은 것이라고 안타까워한다. 그러다가 아

들러의 《인간이해》를 읽다 보면 '맞아! 난 심리학을 했어야 했어! 원래 이 분야에 흥미가 있었는데!' 내면에 숨어 있던 잠재성을 스스로 발견해냈다는 듯 과한 반응을 보인다. 책은 그렇게 유쾌한 상상을 해보게 한다.

그뿐만 아니다. 책은 호기심을 잔뜩 유발하여 알아내지 않고는 견딜 수 없게 하기도 한다. 《인생의 품격》을 읽다가 '백가강단'을 직접 들어보게 되고 아들러의 《인간이해》를 읽다가 바제도병을 알게 되고 그 증상과 그것의 치유에 도움이 되는 식단을 알게 된다.

책은 때로 흥미로운 질문을 던져주어 행동으로 옮기게도
한다.

《침묵의 봄》을 읽었을 때의 일이다. 내용은 그렇다. 한국은
봄이 왔다는 것을 봄꽃이 피는 것을 보고 알 수 있듯이 미국은
울새가 울면 봄이 왔다는 것을 알 수 있다고 한다. 그래서 뉴스
에서도 새가 운다고 보도를 한단다. 첫 장인 '내일을 위한 우화'
에는 풍부한 자연으로 마을에는 더 이상 새가 울지 않고 고요한
봄, 실은 죽어가는 마을을 이야기한다. 그런 이야기를 읽다가
생태계의 신비, 즉 나뭇잎을 진딧물이 갉아먹고 나면 그 나뭇잎
이 바닥에 떨어지게 되고 바닥에 떨어진 나뭇잎을 지렁이가 먹
고 토하기를 반복하며 분해하여 토양과 잘 섞이게 한다는 부분
을 읽을 때였다. 문득 그런 풍경이 궁금해졌다.

"우리, 청계산 다녀올까?"
"뭐어?"
그래도 남편은 함께 가준다.
책을 읽다가 흥미로운 부분을 만나면 궁금하여, 유관 도서
를 사러 가자거나, 이런 유적지가 근처에 있다던데 함께 가보자
거나 하면 남편은 마지못해 같이 가준다. 내가 운전면허가 없어

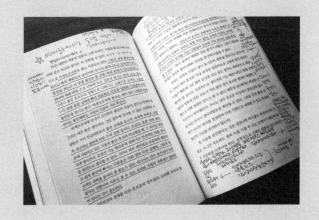

서 남편이 함께 가주지 않으면 호기심을 충족시키기 위한 이동은 상당 부분 포기해야 한다.

청계산은 약 20분쯤 걸어 올라갔을 때에도, 토양에 준비되어 있는 나뭇잎이 충분했다. 나무에 아직 매달려 있는 나뭇잎, 벌레가 파먹어 힘없이 땅에 떨어져 흙에 양분이 되어줄 준비를 하고 있는 낙엽, 그 아래로 이른 아침 습기가 올라와 있는 흙, 그속에 책에서 말한 제초제가 있을지, 살충제가 있을지, 혹은 지렁이가 다니면서 만든 구멍으로 공기 중의 산소와 질소가 흡수되어 건강한 흙일지는 모른다.

"나뭇잎을 땅에 떨어뜨리는 벌레가 있고, 그걸 분해시키는 생물이 있고, 그 덕에 나무와 열매가 자라고 그걸 동물들이나 우리가 먹는 거래. 생태계라는 게 참 신기하지?"

"아예 나뭇잎을 톡 끊어서 그 속의 진액을 먹느라고 나뭇잎을 잘라서 떨어뜨리는 역할을 하는 벌레도 있어."

"그래? 어떤 벌레?"

남편은 주머니에서 스마트폰을 꺼내어 인터넷 검색창에 '나뭇잎 자르는 벌레'라고 입력한다. 이렇게 쓰면 검색이 되나 싶었는데 검색 결과로 나온 이미지들을 몇 번 스크롤하니, 아니 정말 나뭇잎 줄기를 똑 자르는 벌레가 나오는 것이 아닌가!

"도토리거위벌레. 참나무를 자르네."

가지 하나 자르는데 3시간쯤 걸린단다. 가지가 거의 다 잘려 땅에 떨어질 때쯤 되면 벌레는 자리를 이동하여 자신은 떨어지지 않는단다. 대단한 목수다.

도토리거위벌레를 알게 되었다고 하여《침묵의 봄》을 더 잘 이해하게 되었다거나 하는 것은 아니다. 다만 더 흥미롭고 더 가깝게 느껴진다.

무엇보다 책은 뇌에 엔진오일을 넣어주듯 생각을 열어준다. 책이 말하는 것만 읽는 것이 아니라 책 속의 어떤 낱말이나 이야기가 흥미로우면 갑자기 곁길로 새기도 하며, 생각은 더욱 넓게 펼쳐진다.

생각이 새끼 치는 방식으로 독서를 하다가 며칠 동안 책에 푹 빠져버린 일이 있다.

몇 년 전 인도 출장을 갔다가 돌아오는 비행기 안에서 동료가 빌려준 《유시민의 글쓰기 특강》을 읽었다. 기대한 것보다 훨씬 흥미로웠다. 텍스트로 설명하는데 마치 옆에서 말을 해주는 것같이 쏙쏙 들어왔다. 말하려는 것이 명확하고, 설명이 정확해서 이해가 잘 됐다. 지인을 만났을 때 그 책이 무척 재미있었더라는 이야기를 했더니, 《청춘의 독서》를 읽어보란다. 그렇게 시작한 책이 며칠 밤잠을 굶어가면서 읽게 될 줄은 전혀 생각지도 못했다.

'세상을 바꾼 위험하고 위대한 생각들'이라는 문구가 기대감을 높였다. '이 책은 이런 이야기를 하겠구나' 하며 서서히 책장을 넘겼다.

머리말의 첫 문장이 매우 강렬했다. '길을 잃었다.' 마치 내 마음이 이야기한 것이 책에 인쇄된 느낌이었다. 열심히 살아왔는데 어느 순간 나의 선택과 무관하게 상황이 바뀌고 한순간에 길을 잃은 듯한 기분에서 헤어나지 못하고 있었다. 문득 '무엇 때문에 길을 잃었을까?' 궁금했다. 페이지를 넘겨 머리말을 쓴

일자를 보니 2009년 10월이다. 대략 감이 왔다. 믿고 의지한 사람을 떠나보내고 나서 힘들었던 거구나 싶었다.

다음 문장도 강렬했다. 함께 떠나온 사람들이 갈림길을 지날 때마다 다른 길을 선택해 멀어져갔단다. 날은 저물었고 지나온 길을 되돌아갈 수는 없단다. 어디에서 무엇이 어긋났는지 살펴보기 위해 낡은 지도를 꺼내 본단다. 뇌에 심장이 있는지 머리로 읽는데도 자꾸 심장이 쿵 내려앉는 느낌이다. 그러니까 이 책은 그럴 때마다 도움이 되었던 책들이구나 생각하며 호기심에 차례를 훑어본다. 도스토예프스키의 《죄와 벌》로 시작하여 E.H.카의 《역사란 무엇인가》까지 14권의 책들 중에 내가 읽은 책은 몇 권 되지 않았다. 이 책들이 누군가의 청춘에 이정표가 되었던 책들이었다니 어서 그 이야기를 듣고 싶어졌다.

첫 번째 책인 《죄와 벌》을 읽었던 이야기를 듣다가 충격적인 부분을 만난다. 술집에서 대학생과 장교가 전당포 노파의 나쁜 행적에 대하여 '노파는 해로운 존재니까 공공을 위해 노파를 죽인다면?'을 주제로 이야기한다. 그 내용을 일반화하면 이렇단다. '선한 목적은 악한 수단을 정당화한다.' '뭐라고?' 무방비 상태로 읽어 내려가다가 들어서는 안 될 말을 들은 것처럼 거부감

이 생겼다. 책도 그렇게 말한다. 이런 주장을 들으면 거부감이 생긴단다. 인간의 양심에는 악을 저지하는 장애물이 있어서. 한동안 이 페이지를 넘어가지 못했다. 범죄자는 자신의 범죄에 대하여 그래야 하는 이유를 가지고 있을 텐데 그 목적이 선하고 악하다는 것을 누가 판단할 수 있는가? 전범들은 나름대로의 핑계를 댈 것이다. 그 핑계가 선하다면 용서받을 수 있다는 말인가?

문득 히틀러가 떠오른다. 전 세계적으로 용서받지 못할 죄를 지은 히틀러는, 그때 왜 그랬을까? 그는 왜 유대인을 싫어했을까? 궁금해졌다. 혹시나 하는 마음으로 인터넷 검색창에 그렇게 입력해보았다. '히틀러가 유대인을 싫어한 이유'라고. 그 검색문이 들어간 웹문서가 생각보다 많았다. 여러 가지 설이 있단다. 히틀러가 어렸을 때 가족이 유대인에게 피해를 입었던 적이 있다는 설명도 있고, 당시 독일의 은행이나 언론을 유대인 자본이 좌지우지하고 있어 너무 커져버린 그들의 힘을 미워했다는 설명도 있다.

2013년에 85세 유대인 할머니가 이스라엘 예루살렘 소재 홀로코스트 박물관에 오래된 사진을 기증했는데 6세 때 독일 베를린 사진관에서 찍은 것이란다. 사진관에서 '완벽한 독일 민족 어린이 사진 공모'에 유대인 어린이라는 것을 숨기고 출품했는데 당선이 된 것이다. 아리안족, 즉 게르만 민족의 우월성에 흠뻑 빠져 있던 히틀러 정권이 뽑은 '가장 독일인다운 어린이'가 유대인이었던 것이다. 2013년이 되어서야 세상에 나온 그 사진을 히틀러가 다시 보게 된다면 어떤 생각이 들었을까.

뜬금없이 빠져든 히틀러와 유대인 이야기는 책의 내용과는 무관하지만 책에 대한 흥미가 배가되었다. '딴짓'을 하니 '진도'는 잘 안 나가지만 책에 대한 인상은 더 친근해졌다. 더 많은 흥밋거리가 있을 것 같은 기분에 휩싸여 책장을 어서 넘기고 싶어졌다.

급기야 《청춘의 독서》를 읽다가 50페이지를 넘기지 못한 채 밤을 샜다. 두 번째 이야기였던 리영희의 《전환시대의 논리》를 읽다가 그만 '유신'의 뜻이 궁금해서 찾아본 것이 화근이었다. '낡은 제도를 고쳐 새롭게 함'이라는 뜻을 사전으로 찾아보다가 4공화국 헌법이 어떻게 만들어졌는지, 10월 유신은 어떻게 발표되었는지 궁금해서 조금만 더 찾아본다는 것이 그만 헤어날 수 없는 역사 이야기에 빠져버린 것이다. 박정희 대통령은 어떻게 대통령이 되었는지, 어떻게 그 오랜 시간 정권을 유지했는지, 결국 10월 유신이 국회를 강제 해산하고 대통령 장기집권을 했는데 4공화국은 어떻게 막을 내렸는지를 꼬리에 꼬리를 물고 들여다보다가 당시의 사건을 배경으로 만든 다큐멘터리까지 보다가 동이 터버린 것이다.

'우리는 왜 부자가 되려 하는가'에는 토르스타인 베블런의 《유한계급론》에 대한 이야기가 나온다.

토르스타인 베블런은 기존의 경제학이 나의 행복은 내가 가진 것에 달려 있다는 전제를 비판하고 내가 소유한 부의 많고 적음에 행복이 좌우되는 것이 아니라 내가 가진 것이 다른 사람의 것보다 많냐 적냐에 좌우된다고 주장했다. 내가 고급차를 뽑았는데, 친구가 외제차 뽑으면 행복감이 줄어드는 이유가 설명된다. 문득 토르스타인 베블런은 어떤 사람이기에 이런 생각을 하게 되었을까 궁금했다.

토르스타인 베블런을 인터넷에서 검색해보니, 원래 조부모, 외조부모는 모두 노르웨이 출신이었다. 노르웨이에서 농장을 소유하고 있었는데 어쩌다 다 빼앗기게 되면서 상처와 기대를 안고 미국 땅으로 이민을 간 것이다. 하지만 미국에 가서도 땅을 다 빼앗기면서 어려운 생활을 하다가 베블런의 부모 세대에서는 노르웨이 출신 이민자들끼리 똘똘 뭉쳐 공동체를 만들어 그 안에서 서로가 서로를 보호해주면서 살게 되었다고 한다. 베블런이 유한계급, 즉 노동은 하지 않지만 부를 축적하는 불로소득자들에게 돋보기를 들이댈 기회가 자연스럽게 생겼던 것이다.

사실 이 책에 나오는 책들이 박진감 넘치게 흥미롭다고 보기는 어렵다. 하지만 이렇게 배경을 찾아보며, 책에 나온 인물과 사건을 더 알아가면 책의 내용이 풍부해지고, 책을 통해 얻는 것이 끝이 없다. 이렇게 책을 읽는다면 어떤 책이든, 무슨 이야기가 나오든 그것을 재미있게 즐길 수 있을 것 같은 만만함도 생긴다.

책이 말해주는 것은 그저 생각의 씨앗일 뿐이다. 책이 말해주는 것으로부터 시작하여 생각을 널리 펼쳐볼 수 있다면 그것이 자기만의 책이 되는 것이다. 한 권을 완독하거나, 저자의 의도를 이해하거나, 유명한 책을 많이 읽는 것도 좋겠지만, 책을 읽기 전의 자신에게 없던 생각이 책을 읽는 동안 생겨나고 커지고 통찰이 되어 삶에 조그만 힘을 줄 수 있다면 그것이 진정한 생각독서이리라!

읽을수록 빠져드는
생각독서

2019년 6월 24일 초판 1쇄 발행

지은이	김경진
펴낸이	김남길
펴낸곳	프레너미
등록번호	제387-251002015000054호
등록일자	2015년 6월 22일
주소	경기도 부천시 원미구 계남로 144, 532동 1301호
전화	070-8817-5359
팩스	02-6919-1444

프레너미는 친구를 뜻하는 "프렌드(friend)"와 적(敵)을 의미하는 "에너미(enemy)"를 결합해 만든 말입니다.
급변하는 세상속에서 저자, 출판사 그리고 콘텐츠를 만들고 소비하는 모든 주체가
서로 협업하고 공유하고 경쟁해야 한다는 뜻을 가지고 있습니다.
프레너미는 독자를 위한 책, 독자가 원하는 책, 독자가 읽으면 유익한 책을 만듭니다.
프레너미는 독자 여러분의 책에 관한 제안, 의견, 원고를 소중히 생각합니다.
다양한 제안이나 원고를 책으로 엮기 원하시는 분은 frenemy01@naver.com으로 보내주세요.
원고가 책으로 엮이고 독자에게 알려져 빛날 수 있게 되기를 희망합니다.